基金项目：国家自然科学基金面上项目：数字创意产品多业态联动开发机理及模式研究（71874142）；四川省社会科学重点研究基地 数字文化与传媒研究中心资助项目（基于区块链的数字创意产业信息共享研究）（CDCM202102）

基于区块链的
数字创意产业信息共享

项　勇　万爱玲　廖钉稷　陈　睿　著

中国城市出版社

图书在版编目（CIP）数据

基于区块链的数字创意产业信息共享 / 项勇等著
. —北京：中国城市出版社，2022.10
　ISBN 978-7-5074-3537-5

Ⅰ.①基… Ⅱ.①项… Ⅲ.①数字技术—应用—文化
产业—信息资源—资源共享—研究—世界 Ⅳ.
①G114-39②G203-39

中国版本图书馆CIP数据核字（2022）第179811号

　　本书将区块链技术引入数字创意产业信息共享研究中，构建数字创意产业联盟链信息共享方案模型，并结合密文加密技术与智能合约技术设计联盟链内访问控制策略，使联盟链内信息共享行为顺利进行。本书涉及的主要研究内容包含国内外数字创意产业发展现状、数字创意产业联盟信息共享过程中相关演化博弈行为、基于联盟区块链的数字创意产业信息共享方案、根据密文属性加密技术设计信息共享方案的安全方案模型、研究基于智能合约的数字创意产业联盟共享信息应用，提出数字创意产业未来发展及信息共享相关建设策略。

　　本书面向的读者对象主要为数字创意产业创新及产业集群研究的相关学者、博士研究生和硕士研究生、从事数字创意产业相关行业人员及管理部门等。

责任编辑：吕　娜　毕凤鸣
责任校对：董　楠

基于区块链的数字创意产业信息共享
项　勇　万爱玲　廖钉稷　陈　睿　著

*

中国城市出版社出版、发行（北京海淀三里河路9号）
各地新华书店、建筑书店经销
华之逸品书装设计制版
北京建筑工业印刷厂印刷

*

开本：787毫米×1092毫米　1/16　印张：13¾　字数：246千字
2022年11月第一版　　2022年11月第一次印刷
定价：68.00元
ISBN 978-7-5074-3537-5
（904523）

数字创意产业与传统的文化创意产业中以实体为载体进行创作制造有所差异，前者是以创意为核心、以数字技术为依托的战略性新兴产业，是引领文化新供给、促进文化新消费的新型文化业态。与美国、日本等部分国家相比，我国数字创意产业领域虽然起步较晚，但经过二十余年的研究与创新，数字创意产业已成为我国战略性信息产业之一，成为我国数字经济的重要力量，并有力推动了国家经济、文化及社会的发展。目前数字创意产业主要以技术和设计为基础，以文化创意、内容生产、版权利用为发展核心，通过渗透融合周边行业来带动整个产业发展，从结构组成看，数字创意产业内呈网状结构紧密联系状态。近年来，我国意在加快数字创意产业融合发展，建设一批数字创意产业集群，由此当前在数字创意产业多业态融合联动开发的相关价值链结构、机理、模式等领域已取得显著成果。但经过研究分析发现，多业态融合联动开发的实现需面临诸多问题，其中联盟企业间激励机制、信任问题、共享问题、安全问题将严重影响到数字创意产业联盟内融合与发展。针对以上问题，数字创意产业内现阶段尚未探索出有效实用的途径，目前国内已形成的数字创意产业联盟内企业间多停留在浅层合作程度，而无法进行更深入的融合联动发展。

本书以信息共享模型、博弈理论、信息不对称理论、协同机制、激励机制等为理论原理，以我国数字创意产业当前发展实际情况为基础，介绍了国内外对于数字创意产业相关领域的研究现状。基于数字创意产业未来发展趋势，研究数字创意产业联盟内信息共享访问请求方和信息归属方的演化博弈、构建基于联盟区块链的数字创意产业信息共享方案、根据密文属性加密技术设计信息共享方案的安全方案模型、对比信息共享不同模式下的风险与价值、研究基于智能合约的数字创意产业联盟共享信息应用，并提出数字创意产业未来发展及信息共享相关建设策略。本书的研究结果表明：

（1）数字创意产业信息共享涉及的主体较多，主体之间的相互关系较为复杂，参与共享的角度也在不同阶段进行相互转换，对信息共享的目标影响程度也存在差异。运用利益相关者理论得出数字创意产业信息共享行为中请求方与信息归属方是利益影响最大的主体，且两主体间存在演化博弈行为，该博弈行为主要是因为双方在权力归属与授予和利益诉求方面产生的差异。通过研究发现，数字创意产业联盟中信息请求方和信息归属方采用不同策略下的演变规律及其稳定性情况不同，并受多种因素影响。

（2）构建基于联盟区块链的数字创意产业联盟信息共享方案，主要为同盟企业间信息共享行为在安全、可追溯、信用、隐私方面提供保障，同时可以降低成本并保证效率。联盟链内主要通过用户管理模块、数字内容信息管理模块、激励结算模块、联盟链信息模块四大功能模块实现数字创意产业联盟内各信息归属方与信息访问请求方间信息共享行为。监管方以监管节点的角色进入数字创意产业联盟链系统中，通过可以随时在系统内审查企业信息、联盟内交易信息的方式，对所有数字创意产业联盟的机会主义行为进行预防和约束。

（3）基于密文加密技术的数字创意产业信息共享方案不仅可以保证联盟链内元数据的加密解密的安全，可以很大程度减小链内计算量，同时可以降低各同盟企业在信息共享中的投入成本，保证信息数据访问的效率。在此基础上，引入智能合约技术实现访问权限的预筛选，由此减轻访问控制策略的验证压力，由智能合约技术与密文加密技术共同保障数字创意产业信息共享过程中联盟链内访问控制策略的设置与实现。

（4）选择合适的联盟成员、建立一致的联盟目标及制定统一联盟协议是数字创意产业联盟实现信息共享的基础和前提。此外，数字创意产业信息共享程度还受到主体节点内部和客体外部双维度因素影响，其中包括联盟企业间信任关系、联盟主体的契合性、信息共享的主动性等内部因素，及数字创意行业环境、技术水平情况等外部因素。因此，为推进数字创意产业信息共享，需以政策背景为引导，从市场、技术等多角度出发，形成完备的信息共享基础，进而推动数字创意产业发展，形成产业集群。

本书由西华大学项勇、万爱玲共同执笔完成。西华大学的廖钉稷和陈睿在本书编写过程中，对数字创意产品信息共享的博弈理论模型构建和仿真程序的设计开展了专项研究，形成了本书的部分重要内容。本书在著作过程中得到了西华大学人文学院和建筑与土木工程学院领导的大力支持。同时，在本书编写过程中，吸取到部分学者的研究成果和观点，使本专著的内容得到了丰富和完善，因此，对这些学者表达衷心的感谢。最后，也要特别感谢出版社的吕娜编辑，在本专著的选题、立项申报以及编写过程中产生的各种事项给予的大量帮助和支持。

目录

第1章　数字创意产业相关概念及信息共享研究内容 ················· 001

1.1 数字创意相关概念 ························· 002

1.2 数字创意产业信息共享的研究内容 ············· 004

本章小结 ································· 006

第2章　国内外关于数字创意产业的发展 ················ 007

2.1 国外数字创意产业的发展现状 ················ 008

2.2 我国数字创意产业的提出及发展 ·············· 017

本章小结 ································· 022

第3章　数字创意产业信息共享国内外研究现状 ············ 023

3.1 国内外关于数字创意产业的研究现状 ············ 024

3.2 国内外关于信息共享的研究现状 ·············· 027

3.3 国内外数字创意产业与信息共享的研究评述 ········· 031

本章小结 ································· 032

第4章　数字创意产业信息共享主体博弈行为分析 ··········· 033

4.1 数字创意产业信息共享主体分析 ·············· 034

4.2 数字创意产业信息共享请求方和归属方的演化博弈 ····· 038

4.3 数字创意产业联盟信息共享中请求方和归属方组合策略
　　稳定性分析 ····························· 046

4.4 数字创意产业信息共享演化博弈仿真分析 ·········· 049

本章小结 ·· 053

第5章 信息化管理中的区块链技术与理论基础 ········· 055

5.1 信息化管理的理论基础 ·· 056

5.2 区块链的理解 ··· 057

5.3 信息化管理中的区块链相关技术 ····························· 062

本章小结 ·· 075

第6章 基于联盟区块链的数字创意产业信息共享方案的构建 ····· 077

6.1 数字创意产业联盟链整体框架 ································ 078

6.2 数字创意产业联盟链的建立与运行 ·························· 089

6.3 联盟链共识机制设计 ·· 098

6.4 联盟链信息共享程度影响因素 ································ 108

本章小结 ·· 113

第7章 基于密文策略属性基加密技术的数字创意产业信息共享

方案设计 ··· 115

7.1 相关准备工作 ··· 117

7.2 数字创意产业信息共享安全需求性分析 ···················· 120

7.3 系统模型 ··· 122

7.4 方案定义及安全模型 ·· 123

7.5 方案的详细构造 ·· 125

7.6 方案安全性分析 ·· 128

7.7 方案性能分析 ··· 133

本章小结 ·· 134

第8章 基于智能合约技术的数字创意产业共享信息应用研究 ··· 135

8.1 数字创意产业联盟信息共享不同模式的风险与价值 ········· 136

8.2 基于智能合约的数字创意产业联盟链信息共享系统设计 ···· 140

8.3 基于智能合约的数字创意产业联盟链信息共享系统的实现 ··· 153

8.4 基于智能合约的数字创意产业链信息共享系统的应用场景与

性能测试 …………………………………………………………… 160

本章小结 ……………………………………………………………… 165

第9章 数字创意产业未来发展趋势与信息共享 …………………… 167

9.1 数字创意产业未来的发展变化 ……………………………… 168

9.2 推动区块链技术在数字创意产业信息共享应用 …………… 173

附录1： 数组1参数设置MATLAB程序 ……………………………… 179

附录2： 数组1参数整体变化MATLAB运行程序 …………………… 180

附录3： 数组1中初始值为（0.9，0.9）MATLAB运行程序 ………… 181

附录4： 数组1中 x=0.9，y=0.2至0.8的MATLAB运行程序 ……… 182

附录5： 数组1中 y=0.9，x=0.2至0.8的MATLAB运行程序 ……… 184

附录6： 参数设置MATLAB程序 …………………………………… 186

附录7： 数组2参数整体变化MATLAB运行程序 …………………… 187

附录8： 数组2中初始值为（0.9，0.9）MATLAB运行程序 ………… 188

附录9： 数组2中 x=0.9，y=0.2至0.8的MATLAB运行程序 ……… 189

附录10： 数组2中 y=0.9，x=0.2至0.8的MATLAB运行程序 …… 191

附录11： Add Policy 函数的运作流程 ……………………………… 193

附录12： Add Resource 函数的运作流程 ………………………… 194

附录13： Match Policy 函数的运作流程 …………………………… 195

附录14： Check Policy 函数的运作流程 …………………………… 196

重要术语索引 ……………………………………………………… 197

参考文献 …………………………………………………………… 200

第 **1** 章

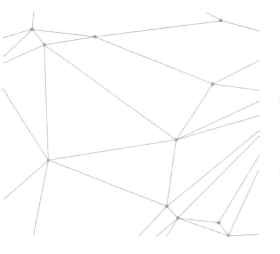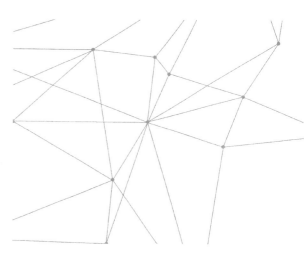

数字创意产业相关概念及
信息共享研究内容

1.1 数字创意相关概念

1. 数字创意产品

在微观层面,"数字创意产品"的概念与"数字创意产业"相对应。数字创意产品以文化创意内容为核心,运用数字技术进行创作、生产、传播和服务。目前创意资源的数字化制造过程缺乏统一的技术标准和行业规范,而创意资源的平台化制造可以实现软件集成、统一关联模型、多领域优化、数据、知识等技术的融合,并能与主流 VR、AR、MR、3D 全息成像等应用环境实现无缝集成;从设计流程、生产资料和工具、数据知识等方面深层次管理来驱动高效高质的创意资源数字化制造、加工及场景应用,从而通过 B 端将数字创意内容以 C 端的形式输出,达到通过场景的深化和内容升级实现创新循环的目的[1]。

目前,我国数字创意产业处于高速发展阶段。在我国数字创意产业的发展过程中,形成了一批具备竞争力的数字创意企业和产品。比较典型的数字创意案例有故宫六大宫殿百年来首次亮灯、阿里巴巴推出的 3D 在线虚拟商店等。在奥运会、世博会等国际大型活动中,我国数字创意企业以精湛的技术及优秀的数字创意产品赢得了世界的认可和良好的口碑。

2. 数字创意产业

数字创意产业可以理解为由文化创意产业与现代数字化技术进行有机融合而形成的一种新型产业。传统的文化创意能够借助全息投影、超高清显示以及 5G 等数字化技术充分发挥人的技艺、才能和创造能力以促进文化价值的挖掘与文化产品的消费,由此数字创意产业也衍生出许多的不同产业形态,包括数字设计产业、数字内容产业等,目前数字创意产业的服务领域主要还是在活动会展、产品可视化、IP 创作等领域。作为一种集合了高新科技和高级人才的新型产业,数字创意产业需要较高的人才素质、技术保障和品牌效应的支撑,其中高素质人才主要包括具有强大的创新能力和熟练掌握数字化技术的创意设计人才，而技术保障是指拥有大规模的数字技术研发和制造平台，品牌效应是指拥有能够被广大消费者和客户所支持和认可的品牌。

3.数字创意产业链

数字创意产业链是文化创意借助数字化技术手段进行再创作形成数字化创意产品过程中所涉及相关产业之间基于一定的经济利益关系，根据数字创意产品生产方向而形成的链式关联形态。数字创意产业链的结构可以大致划分为上中下游三个组织，其中上游主要是内容创作方；中游主要是数字化传播平台的提供方；下游则是销售方。数字创意产业链结构和运作流程如图1-1和图1-2所示。

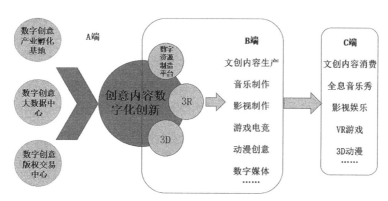

图1-1　数字创意产业链结构图

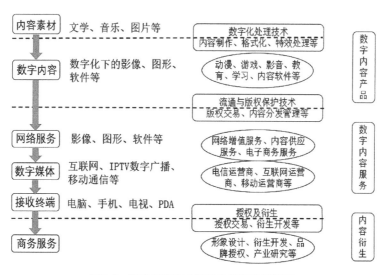

图1-2　数字创意产业链结构和运作流程图

内容创造方：又称文化信息和数据资源的提供方，其主要负责提供进行创作所需的素材内容，例如原创文学、影视作品、音频资源等。内容创作方是支撑整个数字创意产业发展的"动力燃料"。

平台提供方：即借助数字化技术帮助文化信息和创意作品有效传播的媒介平台，其通过承接上游企业的文化作品，进行数字化处理，并与下游销售方对接，从而串联整个数字创意产业。平台提供方主要包括进行产品数字化创作和生产的企业，以及传播文化创意产品的企业两类。前者主要借助数字化手段（例如人工智能）提高文化创意产品创作和生产效率的技术装备，后者则是一种实现创意产品数字化呈现的技术装备。

销售方：是负责销售数字创意产品的企业，其主要负责向消费者提供已完成的数字创意产品。随着信息通信等网络技术的高速发展，销售方的营销方式和渠道也呈现出多样化和个性化的特点，并逐渐发展成熟，线上主要有网络推广平台、电视广告和品牌代言等，线下主要包括主题乐园、文化活动会展和主体商店等。

在大多数字创意产业链中，除了包含文化创意产业外，还涉及技术研发、金融、知识产权保护、衍生产品与服务的设计生产运营等多样化产业类型。为形成更加强大牢固的数字创意产业链，需要使上游、中游、下游组织及产业紧密联系形成协同性整体，推动数字创意产业及其相关产业相互发展，激发产业链上各环节中不同产业的活力，取得更良好的经济效益。

1.2 数字创意产业信息共享的研究内容

针对目前我国数字创意产业中数字创意产品的信息未共享导致创意产品的价值未得到充分的开发和利用，数字创意产业的运营效率有待优化的问题，形成了本次研究需要解决的问题有：

首先，构建以数字创意产业链上中下游产业形成的联盟区块链，分析数字创意产业联盟链上产品信息共享的应用。随着数字创意产品形态的变化，形成了相关产业链，如数字创意产品从最初的动漫书籍形态到电影电视形态，再到制造动漫产品进行销售，最后形成动漫旅游基地，由此涉及了文化影视业、制造业和旅游业。相关产业之间就数字创意产品的信息并未充分流通与共享，导致关联产业间的信息资源未得到充分的利用和有效配置。因此本次研究通过将数字创意产业链中的上下游产业组织起来经共识机制形成联盟区块链，然后在达成共识后将可共享的数字创意产品相关信息加密后上传至联盟链，实现数字创意产业信息资源的优化配置。

其次，探讨运用密文属性加密技术保障数字创意产品信息共享的安全性。随着互联网信息化的普及，信息获取和使用变得更加便捷高效，但也带来了信息泄露的风险和危机，因此保障数字创意产品共享信息的安全访问和利用是数字创意产业高效运作的前提。本次研究运用密文属性加密技术实现数字创意产业联盟链中相关产业间信息共享的安全访问和利用，以此控制信息共享的安全性。

最后，论证智能合约技术实现数字创意产品信息资源的利用效率。在保证数字创意产业联盟链中相关产业间信息共享的安全访问和利用前提下，引入智能合约技术实现产业间信息共享交易的自动化执行，实现合约履行的自动化监管和处理，提升数字创意产业联盟链中相关产业间产品信息资源的利用效率。

根据对数字创意产品信息共享研究需要解决的问题，形成本书主要的研究内容如下：

（1）国内外关于数字创意产业的发展。论述英国、美国和日本数字创意产业的发展现状，我国数字创意产业的提出及政策性文件、发展历程。

（2）国内外数字创意产业与信息共享研究现状。首先对截止到2021年国内外在数字创意产业和信息共享两个方面的研究现状进行研究综述。

（3）对数字创意产业联盟内信息共享主体即信息访问请求方和信息归属方的演化博弈过程进行研究与分析。构建双方不同策略下的信息共享演化博弈模型，并根据模型中的参数建立了支付矩阵，形成了博弈的复制动态方程组，探讨了信息请求方和信息归属方采用不同策略下的演变规律进而分析其稳定性情况。

（4）信息化管理中的区块链技术与理论基础。首先介绍信息化管理的理论基础，包括信息共享理论和产业融合理论，接着叙述对于区块链的理解，然后介绍区块链中的相关技术，包括区块链中的哈希算法技术、数字签名技术、共识机制、智能合约技术和密文属性加密技术，为后续章节奠定理论基础。

（5）基于联盟区块链的数字创意产业信息共享方案的构建。首先介绍数字创意产业联盟链整体框架，接着对数字创意产业联盟链的建立与运行进行了分析，包括联盟链的形成，信息共享的实现流程，联盟链的运营过程。然后对联盟链的共识机制性能试验与结果进行探讨与研究。

（6）基于密文属性加密技术的数字创意产业共享信息安全性分析。首先从现实性和理论研究方向对数字创意产业信息安全功能的需求性进行分析，然后研究实现信息共享安全的方案及安全模型，最后对该方案的安全性和性能进行理论分析和实验测试。

（7）基于智能合约技术的数字创意产业共享信息应用研究。首先分析了目前数字创意产业信息共享面临的风险，接着研究一种基于智能合约的联盟链信息共享系统，实现数字创意产业关联产业间的信息共享交易的自动化执行，最后介绍了基于该系统的应用示例，论证该系统的可行性。

（8）数字创意产业未来发展趋势与信息共享。对现有的研究内容中可改进深化的方向进行分析，提出未来数字创意产业的可行研究方向。

本章小结

本章主要介绍了数字创意相关概念，并概述了本书对数字创意产业信息共享研究的方向及主要研究内容。数字创意产品是数字创意产业的缩影，是融合文化内容与现代化信息技术后诞生的新兴产品，数字创意产业链是由内容创作方、平台提供方、销售方三大数字创意企业组织，形成的一个紧密联络的整体。而本书的研究内容主要解决的是在数字创意产业联盟链内信息共享的信任问题、安全问题、效率问题。

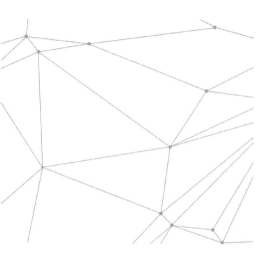
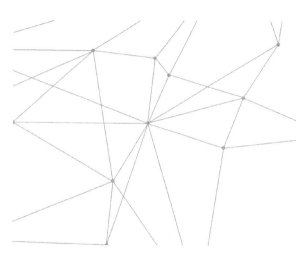

第 **2** 章

国内外关于数字创意产业的发展

2.1 国外数字创意产业的发展现状

数字创意产业是一种新兴的跨界融合发展的新产业，其涉及文化、制造、设计、互联网、影视等多种产业类型，当前数字创意产业已经变成发达国家经济构架的重要因素。数字创意产业虽然在我国是近年来才逐渐开始重点推进的新兴产业，但其在国外的发展较早，最早可以追溯到英国。在布莱尔政府于1997年上台后，就逐渐开始成立英国媒体、文化及体育部（DCMS），并且创建了内设的文化创意产业工作组，从此创意产业拉开序幕，逐步大力发展。当前，从国际市场的产值和规模上分析，数字创意产业的发展核心基本以下列几个地区为主：以美国为核心的北美地区，以英国为核心的欧洲地区，以及以韩国、中国、日本为核心的亚洲地区。从2016年的统计数据可以看出，在数字创意产业国际市场总额中，美国占比最大，大致覆盖43%；其次是欧洲地区，大约34%；而后是亚洲和周围几个国家，总体占总额的19%左右，详见图2-1[2]。本书将深入研究

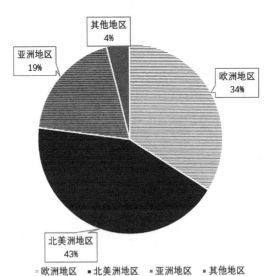

图2-1 全球数字创意产业市场份额占比图

与分析部分其他国家的数字创意相关产业发展状况，为我国数字创意产业的创新发展总结部分经验。

1.英国数字创意产业发展状况及特点

（1）英国的数字创意产业发展现状

通过追溯世界各国数字创意产业发展情况，可以看出英国是国际上最先创立"创意产业"概念的国家，也是第一个把创意产业视为国家经济发展重要产业的国家。关于文化创意产业的定义和内涵，也是英国学者在1998年首次提出，认为数字创意产业来源于文化创意、设计、技巧等。同时英国大量对知识产权进行研究开发，挖掘国内大批就业岗位为人民提供就业机会，产业上主要涵盖影视、广播等十三种相关行业。英国的文化创意产业当前以建筑设计、时尚设计、影视出版、工艺品、广告和营销为主要发展方向。

根据2020年发布的英国媒体、文化及体育部（DCMS）相关数据统计可以看出，在GVA数据中英国的创意产业占比5.9%。从2010年至2019年，英国的创意产业产值的增长速度是其全国经济平均增长速度的2倍，该产业的产值呈现高达43.6%的上升，详见图2-2。英国创意产业在2019年已达1136亿英镑的总计产值，其中创意产业相关的广告及营销产业为168亿英镑，信息技术、软件开发和游戏产业为460亿英镑，电影、电视、广播和摄影产业为214亿英镑，出版产业占107亿英镑，博物馆、美术馆和图书馆产业为10亿英镑，音乐、表演与可视化艺术产业为105亿英镑，建筑产业及时尚与设计产业各占35亿英镑，工

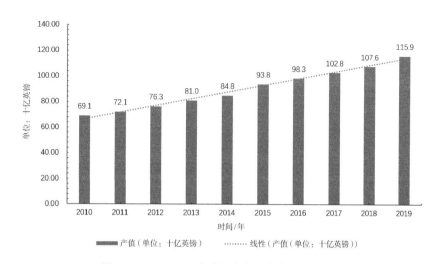

图2-2 2010—2019年英国文化创意产业GDP产值

艺品制造产业占3亿英镑，详见图2-3[3]。为促进人才就业，英国的创意产业在2019年合计新增210万个岗位，约占英国当年全部就业岗位的6.2%，较2018年增长了3%，较2011年增长了34.5%。

英国政府当前对数字创意产业的发展主要采用的措施有：在人才培养、技术发展、资金支持、组织管理等方面逐渐增大机制建设力度，同时对文化创意产品的研究、开发、制造、营销、出口等多维度展开体系化扶持工作。如英国在面对创业大环境的投资和金融问题时，其媒体、文化创意及体育部发布了"Banking on a hit"手册，主要对有关企业及个人进行指导，以解决怎样从政府相关部门及金融机构取得资金帮助的问题。英国通过一系列措施的实施使其创意产业的财务支持体系逐渐完善，涵盖了创建风险基金、区域财务论坛、为企业及个人提供贷款、提供奖励投资等多角度内容。在创意产业板块相关的政策方面，英国政策是当前世界文化产业政策中构架最完善的国家之一。

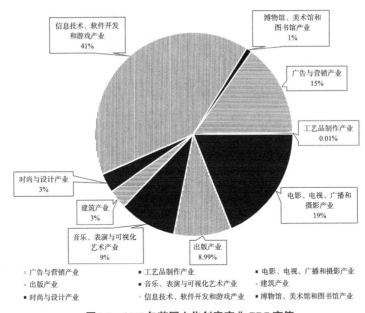

图2-3　2019年英国文化创意产业GDP产值

数据来源：根据DCMS Economic Estimates 2019：Gross Value Added：Table 4：Gross value adde（GVA）expressed in chained volume measeres in the DCMS sectors and subsectors. DCMS Economic Estimates 2019：Gross Value Added-GOV.UK（www.gov.uk）整理。

（2）英国数字创意产业的特点

英国创意产业从其现状和发展历程来看，主要有以下几个特点：

1）注重历史及文化的保护及研究。英国是世界上第一次工业革命开始的地方，其历史文化悠久，在创造工业文明时，通过和世界各国的沟通交流，开创了大量风格各异及具有艺术特点的文化创意资源，比如服装文化、表演文化、博物馆文化等。此外，英国将现代的文化元素融入历史文化资源的保护和研究中，为历史文化不断增添新光芒和色彩，吸引着世界上不同领域和不同阶层的人。如博物馆文化依然是英国特色文化资源，当前英国拥有2500多家博物馆，其中包括28家国家级博物馆、约800余家的地区性政府博物馆、200家左右的公共博物馆、大约300家大学博物馆及1100多家的独立博物馆。英国的博物馆大多展览品的种类丰富，具有不同意义，包含自然或社会历史相关的、考古或遗址相关的、艺术相关的等各类藏品。英国对博物馆文化资源的运用并不是单一的对其进行展览，而是从静态展示向文化创意产业发展方向转移。例如莎士比亚是英国历史上重要的作家、名人，为世界留下了丰富的文学作品，其故居被英国政府重点保护并设为了国家级文化产业项目。首先是按照莎士比亚时代的建筑风格对其故居进行了修缮，建立莎士比亚博物馆，在故居周边打造特色文化小镇以及相关的配套设施，促进了文化旅游业发展；其次是将莎士比亚作品中的元素用于手工艺品设计、电视电影作品创作等，从而带动文化创意产业的发展。

2）注重产业集群化发展。产业集群化发展是英国文化创意产业发展的重要模式之一，英国政府注重发挥地方文化资源，通过对不同地区的特有文化储备资源展开挖掘和开发工作，使得形成多种具有地方特性的文化创意产业集群。例如伦敦成为世界第三大电影摄制中心和欧洲的第一大创意产业中心，并且是享誉世界的国际设计之都；曼彻斯特在数字媒体产业领域极具国际市场竞争力，并且成为欧洲第二大创意产业中心；谢菲尔德则是把当地工业革命时有纪念意义的老城区改造为大量创意产业园区。英国通过产业集群化的方式，给文化创意产业链内上下游企业的发展均提供了不可估量的助力，数据显示2019年英国创意产业的产值达1136亿英镑，占全国GVA比重的5.9%，成为名副其实的国家支柱性产业。

2.美国数字创意产业的发展状况及特点

（1）美国数字创意产业发展现状

数字创意产业在美国的概念定义主要涉及版权产业，主要以艺术、影视及娱乐为核心。根据版权开发挖掘程度可以划分成版权相关产业（即不是非要通过版权才能维持的产业）、交叉版权产业、部分版权产业及核心版权产业四大类型。核心版权产业是指以创造、生产、发行或展示版权材料为主要目标的产业，如书籍、报纸和期刊、电影、录音音乐、电视广播，以及各种格式的软件；部分版权产业则表示该产业内制造的一些产品可以有版权保护，例如珠宝、家具、游戏、衣物等；交叉版权产业表示制造、创造与销售装备的人，这里涉及的装备指的是可以推动知识版权关联的产品的生产制造与使用的设备；交叉版权产业涵盖摄像机、电视、录音播放器、个人电脑和使用相关产品（包括空白录音材料和某些类别的纸张）的制造商、批发商和零售商；版权相关产业是指那些同时向企业和消费者分发版权和非版权保护材料的公司。比如运输服务、电信及批发和零售贸易。纽约是创意产业发展最蓬勃的地区之一，例如大都会博物馆被誉为"世界三大艺术殿堂之一"，此外还有文化园区，融合涵盖了现代的苏荷艺术等多地文化。

与英国不同的是美国创意产业相关权威统计数据由国际知识产权联盟（IIPA，也称美国国际知识产权联盟）发布，国际知识产权联盟（IIPA）成立于1984年，是一个代表版权材料创作者、制片人和分销商的行业协会联盟，其中的行业涵盖了电影和电视节目、录制音乐、娱乐软件和电子游戏，以及书籍和杂志。IIPA自成立以来一直与美国政府、外国政府和版权所有者合作，改善国外的版权保护和执法，并在外国市场提供公平公正的市场准入。这些努力使数十个国家的外国版权法和实地执法得到了显著改善，并降低了市场准入壁垒，使创作者能够在全球市场上公平竞争。这些法律改革、执法和市场准入的改善促使创意产业对美国经济的贡献产生了积极影响，无论是从整体贡献、就业和工资，还是从对外销售和出口的角度来衡量，为美国数以百万计的个人和企业造福。

2020年12月，IIPA发布了《美国经济中的版权产业：2020年报告》，该报告反映了美国版权产业发展的最新情况，其中2010—2019年的美国版权产业产值变化见图2-4[4][5][6]。据报告显示在2019年美国版权产业增加值对国内生产总值（GDP）的贡献率超过2.5万亿美元（25682.3亿美元），占美国经济的11.99%。其中核心版权产业的GDP贡献值超过1.5万亿美元（15871.6亿美元），部分版权产业的GDP贡献值为469.1亿美元，交叉版权产业的GDP贡献值为4978.1亿美元，版权相关产业的GDP贡献值为4363.5亿美元（图2-5）。在就业方面，2019年版权行业雇佣了近1170万名工人，占美国所有就业岗位的7.71%，或美国所有私人就业岗位的9.06%。其中核心版权行业雇佣了570万名工人，占美国劳动力总数的3.79%。2016—2019年期间，版权行业的年增长率为4.85%，同期整个美国经济的平均年增长率只有2.48%，接近美国经济年平均增长率的2倍。

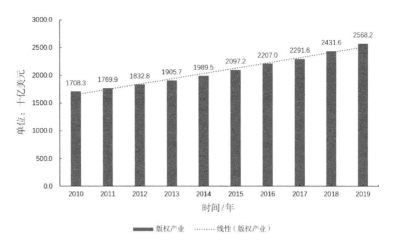

图2-4 2010—2019年美国版权产业产值变化

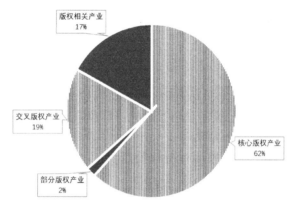

图2-5 2019年美国版权产值分布

数据来源：根据IIPA发布《美国经济中的版权产业：2020年报告》2020-IIPA-Report-FINAL-web.pdf、《美国经济中的版权产业：2016年报告》2016-IIPA-Report-FINAL-web.pdf、《美国经济中的版权产业：2014年报告》2014-IIPA-Report-FINAL-web.pdf整理。

（2）美国数字创意产业的发展特点

美国创意产业从其现状和发展历程来看，主要有以下几个特点：

1）强调知识产权保护。美国政府有关部门注重保护文化版权，并且在创意产业的发展中，为了对创意产业和知识版权市场进行规范化管理，发布了一系列政策措施。美国在产业组织架构上，增设了如版权税审查庭、商务部国际贸易局、版权办公室等知识版权保护相关机构。多年来，在美国发布的法律法规中，政府曾出台一系列多部与知识产权保护相关的法令，例如《电子盗版禁止法》《版权法》《跨世纪数字版权法》等。在经济上，美国政府大力提倡产业内投融资主体的多元化，除了包括政府部分的援助外，还可以涵盖相关企业、社会资本方、各类基金及个人等经济来源。在促进美国创意产业发展进程中，尽量挖掘产业本身市场环境的助力作用，创意产业良好的社会环境、市场环境、法律制度环境的打造主要由政府部门负责开展相关工作。

2）突出"市场竞争"。创意产业市场应当为自由竞争的经济，因此，在美国创意产业发展进程中，始终崇尚追寻自由主义，将创意产业经济在市场环境中的作用更好地发挥出来。该现象可以在美国创意产业相关的多项事宜中体现出来，如美国政府创造了一个优良的自由竞争的整体产业环境促进创意产业发展；美国政府大力支持大型文化创意跨国公司从市场需求角度出发，在全世界各地开展贸易、投资及生产等工作。比如里根政府在1984年开始减少对媒体的限制管理及其所有权的管理，形成了关于媒体所有权整合的改革潮流，给该行业的自由竞争打造了优良的市场环境，从而推动当地媒体及其相关产业的发展壮大。克林顿政府在1996年签署了《联邦电信法》，该法案对有线电视的使用提出了新规定，其内容中提到不用进行许可申请有线电视便可以直接运营电话业务，并且对电信网络业和互联网相关产业加入传统媒介传播市场的行为持以赞同态度，从而推动了当地不同媒体、媒介间的整合重组，形成一系列的大型媒体企业。

3.日本数字创意产业的发展状况及特点

（1）日本的数字创意产业的现状

在数字科学技术创新及发展过程中，文化产业的结构也产生改变，其中一个较大的变化就是诞生了新的产业形态，日本将这种新产业形态叫作数字内容产业。日本1999年的产业报告显示，数字内容产业可以划分成3个板块，分别是：时尚产业（如化妆品及各服饰设计）、内容产业（如书籍报刊、媒体新闻、大数据计算机等）和休闲产业（如娱乐、旅游、学习、运动等），其中变化最大发展最快的产业主要是以动漫为核心的内容产业，该产业在日本的GDP中是占比最高的产业。日本是全世界动漫产业中最前沿的国家，并且是全球动漫的制造与对外输出最多的国家，几乎占据了全世界60%的动漫内容及作品的产出，因此，动漫产业是日本经济发展结构中的三大核心行业之一。日本的国家战略中针对国内文化的输出板块，主要制定的是"酷日本"战略，着重以产业市场研究、消费市场分析为基础，把国家的传统习俗、制造业、旅游业等和动漫、文化内容、创意内容等内容产业进行多领域融合创新发展，从而更好地对海外各个国家进行文化输出。日本的数字内容产业发展主要依托于不断完善的机制建设，例如将商业、科技及创新和文化创意内容进行融合，及科学合理地运用高效的媒体传播和推广形式，使产业持续向外扩张，增强其社会价值的实现，并且可以推动国家文化输出、经济建设等国家核心目标的实现。

根据日本经济产业省2020年发布的《全球和日本内容市场概述》中对数字产业范畴的划分，包括影像产业、音乐产业、游戏产业、出版产业、广告营销产业几大类。日本数字内容产业国内市场规模从2014年到2019年以稳定的增速逐渐扩大，见图2-6。2019年国内数字内容市场的总体产值为989.57亿美元，占日本GDP总产值的1.92%。其中音乐产业为75.47亿美元，出版产业为329.42亿美元，游戏产业为177.34亿美元，影像产业为327.17亿美元，广告营销业为80.17亿美元，具体情况见图2-7[7]。2015—2019年间日本数字内容产业的平均增速维持在2.69%，而同期间日本的GDP平均增速为1.25%，相差2倍。

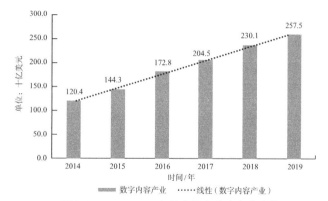

图2-6　2014—2019年日本数字内容产业产值

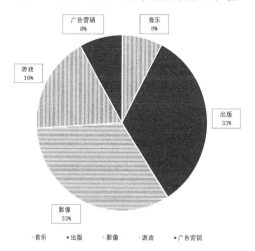

图2-7　2019年日本内容产业产值分布

数据来源：根据日本经济产业省于令和2年发布的《全球和日本内容市场概述》202002_contentsmarket.pdf（meti.go.jp）整理。

（2）日本数字创意产业的发展特点

日本创意产业从其现状和发展历程来看，主要有以下几个特点：

1）着重发挥政府职能。政府初期先根据国家发布的指导方针制定出产业发展规划，从科学合理的产业战略规划中找到文化创意产业发展的方向。日本在1996年颁布了《21世纪文化立国方案》，该方案标志着日本国家战略开始从经济立国向文化立国方向转变。2001年，日本为了将该新战略的实现进行更进一步的推动和深化，延伸出了知识产权立国战略以促进文化立国战略实现的推进工作，并且清晰指出日本在未来十年里要奋进的方向是成为全球知识产权第一的国家。日本把文化投资视为是国家的未来投资，并成立了"振兴文化艺术基金"，主要在文化创意产业内开展投资工作，以其作为国家文化创意产业的发展基金。随后日本紧接着颁布了多部文化创意产业相关的法律法规，比如在2001年为了顺应产业的发展趋势，把已经使用了三十年的《著作权法》修改成了《著作权管理法》，并将其中部分内容进行了实质性修订，后来逐渐又出台了《文化产品创造、保护及活用促进基本法》《文化艺术振兴基本法》《IT基本法》《有关振兴文化艺术的基本方针》等多部法律文件。

2）突出良性的"市场竞争"环境。通过法律政策规范市场运作，同时充分发挥"市场"的调控能力，通过建立程序规范、自由但有序进行竞争的产业市场大环境推动文化创意产业发展壮大。日本政府对文化创意产业发展的帮扶行为是将整个产业视为一个整体，均视为帮扶核心，这样做主要是为了创造更好的产业市场发展背景以促进良性竞争，并且倡导产业内大型企业能和其他中小型公司共同努力构建完整文化创意产业链，以产业链的方式产生市场竞争，通过市场角逐出更优势的产业主体，推动日本文化创意产业的发展壮大。良性的市场竞争促使日本的数字内容产业迅速发展，优秀的制作技术使得产出产品深受国内外的民众喜欢，刺激了国内外市场消费需求的增长。旺盛的市场需求再加上一流的制作技术促进了日本文化创意产品的开发与文化创意人才的脱颖而出，推动了文化创意产业的发展。

4.国外数字创意产业发展小结

数字创意产业如今对多个国家在经济建设上都发挥着至关重要的作用，并且构建了不同文化特色的经济模式。例如英国的全国产业生产总值中数字创意产业占据8%左右，并且英国在该产业的产值也占据世界第一。此外美国电影、日本动漫、韩国动漫游戏也分别在对应领域内起着引领作用。从世界各国数字创意产业的发展现状上总结可以看出，美国的数字创意产业的发展以艺术、影视、娱乐为核心，其中知识版权产业是该产业中竞争最强的内容；英国数字创意产业主要涵盖媒体传播、广告、设计、影视、建筑等领域；日本主要是以动漫产业为核心促进国家数字创意产业的发展，成为全球动漫制作与输出最多的国家，并且由动漫产业促进了国家的旅游、娱乐等多产业发展。

2.2 我国数字创意产业的提出及发展

1.数字创意产业的提出及相关政策性文件

（1）数字创业产业的提出

2016年3月，李克强总理在《政府工作报告》中首次提出了数字创意产业的概念。《"十三五"国家战略性新兴产业发展规划》强调未来5年国家继续支持数字创意产业发展壮大，将其作为支持战略性新兴产业发展的重要任务之一。该规划分别从数字文化创意技术装备创新提升、数字内容创新发展、创新设计发展、相关产业融合发展4个方面，对我国数字创意产业的长远发展进行了顶层规划，为其高质量发展指明了更明确的方向[8]。

当前数字创意产业已经成为文化产业与当代技术衔接的不可或缺的纽带。对于数字创意产业的定义，国际上目前还未形成一致的看法，各国对于数字创意产业的界定不尽相同，并且各个国家对于该产业的发展规划和方向也有所差异，因此，数字创意产业还没有得到统一的界定。比如美国在该产业的发展进程中以知识版权为核心，英国则是以轻量化的创意设计为核心，日本则以游戏和动漫为支柱。然而我国对数字创意产业的理解有别于以上国家，是指将文化创意与科技创新相结合，成为发挥巨大能力的新兴产业。对于其定义，潘云鹤院士认为即驾驭数字技术的创意内容业和创意制造业。通过科学技术和文化艺术输入，以数字创意产业为载体，深度融合文化与制造业，使得在文化输出的同时获得对等的经济效益（表2-1）。

数字创意产业作为一种产业经济发展新模式新业态，通过将文化与科技的有机融合与协同创新，促进文化、科技、社会、经济多重发展。其特征表现为：

各国针对数字创意产业的定义和分类   表2-1

国家	名称	定义	分类
英国	创意产业	来自个体的创新制造能力、技巧才能及才华的行为活动，与知识产权融合创新，推进以上行为活动获取更高收益及提供更多就业岗位的产业	广告产业、建筑产业、工艺产业、设计产业、影视产业、广播与摄影产业、信息技术产业、博物馆产业、图书馆产业、画廊产业、音乐产业、视觉表演艺术产业、出版产业
美国	版权产业	通过个体创新制造能力、天分与能力创造并获得发展潜能的企业，以及从产权挖掘开拓中创造新经济及就业岗位的行为活动	核心版权产业、交叉产业、部分版权产业、版权相关产业
日本	数字内容产业	处理影视、音频、文字等信息数据材料，并予以完善改进，利用各种传播桥梁将信息产品传递至消费市场，其产品包含可立即获取、消费的信息及发表多年读者众多的文章	音乐产业、出版产业、游戏产业、影像产业、广告营销产业
中国	数字创意产业	整合了现代数字技术的创意制造业与创意内容业	设计产业、影视产业、传媒产业、文学出版产业、动漫产业、游戏产业、在线教育产业、旅游业、时尚服饰产业等产业的数字化，和上述有关产业的设备与软件

1）高知识性。数字创意产业相关产品主要是以文化内容及创新概念为核心，予以添加人们独特的灵感及创意进行创作的。该产业的发展和互联网、计算机技术、媒体传播等多个领域息息相关，例如动漫、影视的创作均离不开计算机和媒体，所以该产业的一个特点就是智能化、自动化和高知识性。

2）高附加值。数字创意产业可以给社会民众提供的附加价值非常高，其社会价值的体现可以视为高端类型产业。因为显而易见的是科技文化领域的产品会比其他领域的产品给社会民众带来更大比例的额外价值，而数字创意产业的产品也属于前者的一种。

3）拥有强融合性。由于数字创意产业是当代新兴产业的一种，将文化、技术和经济三大领域建设进行融合，所以该产业本身就是多维度的融合，而且其渗透性极强并能迅速带动关联产业如旅游、教育等的发展。若数字创意产业能稳步发展，则其相关产业市场也将得到大幅助力。除此之外，数字创意产业还可以促进社会发展、民众文化进步等。

（2）国家针对数字创意产业发展所出台的一系列政策文件

在2009年9月出台的《文化产业振兴规划》中表明将要着重发展文化相关产业，并将其视为重点任务。2010年10月出台的《国务院关于加快培育和发展战略性新兴产业的决定》中为文化创意产业的发展指引了方向，指出应当着力于数字化、人工智能、计算机等技术的发展。在2014年3月出台了《国务院关于推进文化创意和设计服务与相关产业融合发展的若干意见》明确了数字创意产业发展的规划和阐明了数字内容对文化产业总体发展进程的推动作用和实质价值。在2016年12月国务院出台了《"十三五"国家战略性新兴产业发展规划》，首次将数字创意产业划入了国家战略性新兴产业发展规划中。该发展规划成为数字创意产业发展进程中的转折加速点，并且该产业和新时代信息科技技术、绿色低碳、生物、高端制造这四个产业共同形成了新时代新的五大支柱产业。

《"十三五"国家战略性新兴产业发展规划》把数字创意产业规划为了战略性新兴产业，并把该产业的年产值要达到的指标定为十亿元，成为五大重要版块产业之一。《战略性新兴产业分类（2018）》文件清晰指出数字创意产业四个核心版块：数字创意技术设施设备制造、数字文化创意活动、设计服务、数字创意与融合服务。其中最核心的内容包括影视、音乐、动漫、游戏、文学等。

自数字创意产业从2017年被规划到《"十三五"国家战略性新兴产业发展规划》和相关配套目录中后，陆续出台了一系列对应的省域规划、顶层设计及具体实施办法。文化和旅游部为了加快落实文化产业关于数字化发展相关战略，于2020年11月颁布了《关于推动数字文化产业高质量发展的意见》文件，意在将传统文化的产业改造升级成新兴的熟悉创意产业，进一步完善了当代文化产业发展体系，使得文化产业与新技术、新科技融合发展壮大。

在党的十九届五中全会上审议通过的《中共中央关于制定国民经济和社会发展第十四个五年规划和2035年远景目标的建议》中，规划部署了我国将来五到十五年中社会各产业经济发展方向，并且指出应当大力发展数字中国、网络强国、制造强国、质量强国，并且应推动新型文化消费模式、新型文化企业、新型文化业态的发展，进而加快数字文化战略的落实。在我国社会经济发展进程中数字经济为其提供了巨大力量，而数字经济的主要要素之一就是数字创意产业，该产业可以为我国多维度发展提供动力，如提升国家文化软实力、建立产业新发展格局、文化产业转型升级、推动数字消费升级等。在2021年召开的十三届全国人大四次会议上表决通过的《中华人民共和国国民经济和社会发展第十四个五年规划和2035年远景目标纲要》中专门把"加速数字化发展，建设数字中国"制定为一个篇章，而且清晰表明应当加快落实文化产业数字化战略，推动数字创意、数字出版、数字娱乐、网络演播等相关产业的发展壮大。

2.我国数字创意产业的发展历程

我国的数字创意产业发展历程从内容接受渠道的变化分为萌芽期、稳步发展期和成熟期三个阶段，划分这三个时期的标志性时间节点主要是：①20世纪90年代互联网开始进入中国，中国迎来了PC互联网时代；②互联网技术取得重大突破，开始出现移动互联网；③4G技术的应用[9]。

（1）萌芽期（20世纪90年代至2003年）

该时期数字创意产业主要体现为文化信息消费。1994年中国开始接入国际互联网，在信息传递与处理方式上与国际接轨，迎来了中国的互联网时代。但由于互联网在中国还处于起步阶段，接收和使用的人群较少，因此，真正的消费型用户的数量较少。根据调查显示，只有24.8%的使用者希望通过互联网获取休闲娱乐等信息，其他更多的用户则是希望通过互联网获取商业、金融和科技等领域的相关信息，而信息获取媒介主要是通过网易、搜狐、腾讯和新浪这四大互联网门户网站。

该时期的数字创意产业主要以网络文学消费的形式存在，具体体现为用户借助互联网直接浏览和阅读文学书籍。20世纪90年代末期，借助互联网平台，国内最早的网络文学浏览网站"榕树下"正式建立并运作。基于互联网广泛的受众基础，文学书籍一经挂网就得到了广大用户的喜爱，并直接带动了实体书籍的销售。在互联网技术还处在起步发展的阶段，"互联网+"还停留在概念规划状态，互联网的实际可利用性较低。由于网络文字显示技术要求低，易实现等特点促使网络文学成为了当时数字创意产业的主要呈现方式。数字创意产业包括用户、销售方和生产方这三大类主体，信息传递和虚拟消费等特点得到初步的体现。生产方主要是指网络文学创作、彩铃设计、DV设计等企业，销售方则是借助互联网平台进行文学书籍和DV销售的企业。总体上该阶段还只是实现了数字创意产业从无到有的转型阶段，数字技术较为落后，营销方式不明朗和非个性化，只有文学创作具有一定的创新性。

（2）稳步发展期（2004—2012年）

在该阶段的前期，与数字创意产业相关的服务主要体现为新闻浏览、网络游戏、电子杂志等。但这些服务仅仅只是线下服务的网络化，并未从本质上提升用户的体验感，直到"博客"等互联网创作平台的出现，人们开始借助这些平台展示自己和分享自己的动态，标志着众多用户开始从消费者转向内容生产，促使互联网产生了"核聚变"。创意内容的生产不再局限于特殊的企业，而是逐渐趋向于大众化和平等化，其内容形式也得到了极大地丰富。"网络社交"的新颖社交方式吸引更多的用户加入互联网消费中，从而拉动了互联网的消费水平和消费规模，并推动着数字创意产业的发展。

在该阶段主要是网络消费和传统实体消费相互竞争和吸引用户的过程，此时数字创意产业的商业模式主要是借助广告变现的方式反哺为用户提供免费服务体验所带来的成本。根据国家相关部门统计的第7次《中国互联网络发展状况统计报告》显示高达45.63%的用户对网络广告的宣传方式表示支持，远超其他宣传方式。由此可以看出，互联网用户对于网络广告的接收程度已迅速提升（图2-8）。

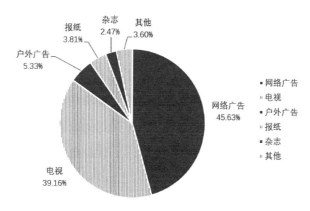

图2-8 用户喜欢的宣传方式占比图

数据来源：第7次《中国互联网络发展状况统计报告》

（3）成熟期（2013年至今）

在PC互联网端转向移动互联网端之后，网络速度低和流量费用高等问题制约的移动互联网端的发展，而随着网络通信技术的飞速发展，我国于2014年正式将4G移动通信技术投入运营，自此中国的移动端设备——手机成为人们上网浏览、观看视频的首选终端。同时国家经济水平稳步向好，人民生活质量的提高促进了手机在中国的普及，也直接带动了中国网民规模的增长，为数字创意产业的发展奠定了良好的受众基础。移动手机端以其功能全面、携带便捷助推数字创意产业更加深入人们的生活中，例如综艺电视消费、音频消费、线上文化展消费等。此外，5G、区块链、全息投影、VR、超高清显示等高新技术的出现为数字创意产业的发展带来了更大的机遇，以文化IP为起点的数字创意产业生态逐渐成形，腾讯、网易等互联网领头企业逐渐探索并形成了由观剧、读书、听音乐、网游等众多产品所构成的数字创意产品矩阵，各种产品形式之间相互作用、交融、反哺，从而推动着整个数字创意产业的发展。

同时，随着体验类服务的出现，数字创意产业的商业模式也开始发生了变化，逐渐出现了以付费模式为代表的新型商业模式。人们通过会员付费等方式获得更为优质的内容供给和体验服务，以及更低的时间成本。以视频会员为例，国内的互联网巨头企业腾讯于2012年正式推出了视频会员服务，借助超高清显示技术，拥有视频会员的用户能够获得普通用户所不具备的更为清晰的观影体验。

此外，"数字创意产业"的概念是中央于2016年3月在政府工作报告中首次提出，即"实施高技术服务业创新工程，大力发展数字创意产业"。紧接着，在同年中央发布了《"十三五"国家战略性新兴产业发展规划》，其中明确指出将数字创意产业作为重点打造的新兴产业之一，并将其作为转变经济增长方式、促进消费升级、引领社会风尚的有力支撑和供给平台。

综上所述，数字创意产业是我国重点发展的5个产值规模达10亿元的新支柱产业之一，作为我国未来创造新市场、新优势的重要产业，近年来一直保持蓬勃稳步发展态势，成为我国引领文化振兴、实施文化强国的重要产业，是我国数字经济重要组成要素。国家十分重视数字产业与文化产业的融合发展，出台了一系列相关支持政策，并明确地将数字创意产业划入国家战略性信息产业领域。我国战略新兴产业分类将数字创意产业划为四大类：设计服务、数字文化创意活动、数字创意技术设施设备制造、数字创意与融合服务。数字创意产业作为我国文创产业的发展核心，在数字化不断推进进程中，其表现形式日益多样化多元化，既能在数字科技促进下完成中国传统文化内容的创新，同时也在数字化大背景下诞生新颖的数字文化创意内容。

本章小结

本章主要介绍了国内外关于数字创意产业的发展。首先概述了国外对于数字创意产业发展具有代表性的国家，利用相关数据展示这些国家的数字创意产业发展状况，接着介绍了我国的数字创意产业的发展，包括数字创意产业的提出，国家的相关政策支持，以及发展现状，为本书的研究方向和内容提供现实依据。

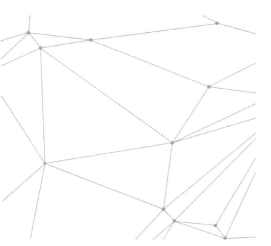
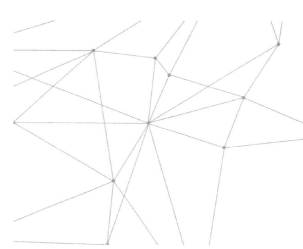

第 **3** 章

数字创意产业信息共享
国内外研究现状

3.1 国内外关于数字创意产业的研究现状

1.国外关于数字创意产业的研究现状

国外的研究人员对于数字创意产业开展研究的时间相对较早，有关的研究也较为广泛和成熟，不仅开展了大量的定性研究，更进行了多维度的定量研究，主要体现在创意产业的发展动力、运行机制以及产业集群化等方面。

（1）关于数字创意产业理解方面的研究

经济发展促进了一系列高新科学技术的发展。近年来，数字化技术和数字化设备的快速发展，推动着创意产业成功迈入了数字化时代，也使创意产业衍生出多种类型的新兴产业概念，如数字设计产业、数字文化产业、数字艺术产业等。Yusuf等认为，创意产业是在文化创作企业和高新科技企业有机结合所形成的产物，因此高新科学技术在产业发展过程中扮演着不可或缺的重要角色[10]；Garnham认为创意产业是信息化时代的特定产物，带有浓厚的时代色彩，其产业生命力和活力主要来源于信息与通信技术[11]。

（2）关于数字创意产业的发展机制的研究

通过检索国外有关文献资料可知，各个国家的数字创意产品发展机制各不相同，具有较为明显的区域特征。大致上可分成如下四个类别：①市场主导型。此类型主要以美国为代表，在经济全球化的大背景下，美国成为典型的市场导向的资本主义国家，由美国制造的大数字文化服务产品和商品不但提供给国内市场，还大量出口到全球各地市场。②文化资源驱动类型。此类型主要以法国、意大利和英国等为代表。由于受到欧美文艺复兴等新文化运动的影响，这些国家的民众普遍经历过较为浓厚的艺术氛围熏陶，具有较为良好的艺术文化受众基础，其通过现代数字技术对既有的传统文化资源实现创新性转化和发展，从而有效地挖掘和提升传统文化资源的潜在价值。③政策驱动型。此类型主要以澳大利亚、日本以及韩国等为代表。他们推动数字创意产业发展的主要措施是制定和发布一系列针对性较高的优惠政策、产业发展规划型政策等，有效地促进数字创意产业的发展。④优势驱动型。此类型主要以芬兰和瑞典为代表。他们凭借工业革命的技术储备和文艺复兴的艺术沉淀，在音乐数字化和大型网络游戏开发等领域拥有不可忽视的行业竞争优势。除了以上几种主要类型的数字创意产业发展机制，部分的国外研究人员也在尝试着从技术创新、扩大消费需求和供应链信息协同等视角出发去探究数字创意产业未来的发展方向，学者LeadBeater认为，推动创意产业向前发展的动力来源不仅仅只是产业链中上游产品供给方的创新能力和生产能力，还来自于整个创意产业链上相关主体之间的沟通协作能力[12]。

（3）关于数字创意产业与经济发展的研究

通过对国外文献查阅后可以看出，大量国外学者对创意产业与经济发展之间的关系进行了研究，其中出现频率最高、研究资料较为丰富的便是"创意城市"的概念，"创意城市"是创意产业与城市经济发展紧密联系而形成的产物。Jason Potts等从理论角度出发，搭建了关于创意产业与城市经济发展之间的数学模型，并通过改变参数寻找两者之间的联系，最终得出结论：创意产业的发展能够有效促进城市经济的增长[13]。AllenScott通过收集全球各地不同城市在一定年限内的经济发展状况，并对创意产业与城市经济发展之间的关系进行了探索，发现创意产业的发展与城市经济的增长之间的确存在一定的相互作用关系[14]。Piergiovannietal等则将研究的范围集中在了意大利，其在对意大利全国一百多个省份所包含的城市的经济发展情况等数据进行研究后发现，数字创意产业与经济发展呈正相关关系[15]。

（4）关于数字创意产业集群的研究

在全球范围内，创意产业的发展呈现出集群化的趋势，Currid认为创意产业应集中在具有高度的创新性与原创性的地理区域，例如CBD中央商务区的边缘地区以及大型城市的中心区域，特别是城中的一些废弃旧仓库、旧工厂等区域，以借助历史沉淀，充分利用土地资源，打造新的城市生产空间[16]。

2.国内关于数字创意产业的研究现状

国内关于数字创意产业的研究起步较晚，针对数字创意产业大多是从数字创意产业的发展意义和数字创意产业的发展思路两个方面开展相关的研究。

（1）关于数字创意产业的发展意义相关研究

夏光富和周志强认为数字创意产业在一定程度上可以对未来的社会经济发展趋势有预示效果，因此可以视为当前21世纪的先导产业，该产业发展的意义在于，通过发展该产业可以一定程度上完善社会产业结构，并通过发挥该产业的引领作用可以促进国家文化、社会、经济的快速发展[17]。龚伟林等对重庆市数字创意产业的发展开展了一系列SWOT分析工作，通过研究得出的结论是数字创意产业的发展将推动城市综合影响力与竞争力的提升，并且有利于城市向现代化大都市发展，可以推动社会进步及经济发展[18]。陈洪等认为数字经济是促进社会经济改革、动力转换及效率提升的提速器，是撬动社会经济加速发展的新杠杆[19]。刘懿萱认为数字创意产业能够为传统文化带来现代化科学技术的力量使传统文化重换新色彩，对传统文化企业结构的升级和优化发挥巨大促进作用，可以以此助力传统文化相关产业的稳步持续发展[20]。于小涵和章军杰认为数字创意产业现在已成为世界上强国之间博弈竞争的重要环节，能大力推动国际经济的新旧更替，我国需要针对前沿产业领域做出动态规划，并且需增强前沿技术和文化内容的多角度融合发展，使国内数字创意产业更加迅速的发展，把该产业发展成我国社会文化、经济、技术增强的新引擎[21]。

（2）关于数字创意产业发展思路的相关研究

韩洁平指出数字创意产业应当根据用户的差异化需求进行细分及整合，并且应增强创意产品的创新改革力度，使其更能匹配当前消费市场的不同服务要求，政府有关部门为数字创意产业相关企业的基地和园区的建设提供有力援助，通过推进产业集群化来促进数字创意产业的发展，同时还要建立和完善以政府财政支持为引导，以产业链相关企业的注资为主体，并激励社会资本积极参与的投融资系统，保证数字创意产业的资金流入，扩大数字创意产业的发展空间[22]。关昕等则从案例分析的角度出发，以京津冀地区作为研究对象，对其数字创意产业发展现状进行了研究，发现目前我国的数字创意产业领域极度缺乏复合型人才和优质的数字创意产品[23]。当前国家鼓励将过剩行业的资源转移至对资源有更高需求的新兴产业，因此数字创意产业应该确定供给侧结构性改革的目标，调整产业结构，重视对高级人才的培养，优化产业的资源配置，提升对知识产权的保护力度，进一步促进我国完成供给侧结构性改革的目标。黄新焕、张宝英认为要对与数字相关产业规划并为地区促进发展的优先项目，从数字产业相关的多个行业领域着力开展合作交流工作，包括数字民生、数字创意、数字商务、数字政务等，从建设数字基础设施出发，并增大网络安全维护工作，积极研究并开拓数字产业的发展方向和投融资路径，同时加强相关高水平人才的体系培养工作，打造出多元化的数字产业发展格局，推动数字产业长期向好向稳发展[24]。臧志彭基于价值链理论提出：基于传统产业环境而搭建的全球价值链理论已经不再适用于指导数字创意产业的发展，应当明确数字创意产业在国家战略性产业中的优势地位，并探索数字创意产业价值链的革新与发展路径，同时在全球价值链角度下努力把数字创意产业打造成战略性创新型产业，进一步给我国开展创新型建设工作注入科技及文化力量[25]。范玉刚认为应当努力把握大数据、人工智能等现代科学技术给数字文化产业提供新的创新机遇，从众筹、众扶、众创多角度出发，创建关于数字创意产业的创新服务体系，并面向所有人民传输积极科学合理的价值观及理论，促进文化强国的建设[26]。

3.2 国内外关于信息共享的研究现状

1.国外关于信息共享的研究现状

国外学者对信息共享的相关研究开展相对较早，其研究方向和领域也比较全面，经过查阅相关的文献资料，结合本书的研究内容，主要从信息共享与安全研究、信息共享的实现路径研究和信息共享的价值研究三个方面展开综述。

（1）关于信息共享与安全的研究

Du Peng针对在水产品加工虚拟产业集群信息共享过程中存在的效率和安全性低下等问题，提出了通过构建高效的信任机制以确保该产业集群进行信息共享的高效性与安全性[27]。虚拟产业集群是指在地理环境上存在一定的差异性，但能够通过信息技术等手段实现企业之间的协调合作和信息共享的新型产业集群。此外，在基于信任机制的基础上，作者还提出了一个完整的实时查询系统，借助该系统不仅可以实现协议的管理、发布、下载以及监控等策略，还可以有效地减少信息共享过程中的"搭便车"行为，从而保障信息资源共享过程中的安全性和高效性。Li Qiong等引入区块链技术解决制造业和物流业信息共享的安全系数低，风险系数高等信任问题，打破制造和物流连接的信息交流障碍，实现制造和物流连接过程的有效协调和管理[28]。Kim等从信息共享中的信息访问控制策略和权限控制的角度，提出了一种结构化的细粒度物流信息共享系统安全模型，通过应用各种安全技术来实施策略来建立安全策略，解决信息共享过程中的一系列安全威胁及隐患问题[29]。

（2）关于信息共享实现路径的研究

Liu Qiang等认为在工业集群中信息合作时，各参与者在进行产品设计和生产活动中的信息共享需要提供一个云生产服务系统，并认为生产公司能够利用云生产服务系统进行对虚拟生产资源和制造业务的整个生命周期管理[30]。Lee Dongmin等主张建立一种高度集成的数字孪生体和区块链架构，通过这种架构体系能够实现数据通信的高可追溯性，以敦促建设项目过程中个利益相关者履行自身的责任[31]。Nadia Zaheer等从信息共享意愿的角度进行探讨，运用结构方程建模和中介分析进行研究，发现信任是愿意分享的最重要前提，旨在为实现高质量的信息共享提供新思路[32]。Pengzhen Cai等引入云计算框架，借助GIS技术，构建设计信息共享设施管理系统的框架，并通过实验证明该系统框架有效地将信息基础设施管理与地理信息系统软件相结合，让地理空间信息共享变得更加便捷与高效[33]。Tian Tian等提出了基于WebGIS的海洋环境信息共享发布系统，并通过具体设计案例为例论证该平台方案的可行性，旨在运用该平台实现实时动态的海洋信息数据共享[34]。

（3）关于信息共享价值的研究

Li Yanhui等基于演化博弈模型，对参与信息共享的企业群体的行为进行过程建模与分析，认为通过信息共享获得的收入与信息系统建设成本之间的差距越大，企业参与信息共享的可能性就越大[35]。此外，信息平台建设的利润越大，"搭便车"的利润越小，信息泄露的风险越小，企业参与信息共享的积极性就越大。Zhang Fuan等从供应链的角度，借助云计算技术和EPC物联网建立供应链信息共享的平台，通过实验模拟得到结果为该平台能够实现供应链信息共享与业务协同，同时其运营成本与风险相较于非共享情况降低了12%，有效提高了供应链中各节点企业的整体运营效率[36]。Roberto Dominguez等使用系统动力学方法研究了四级供应链中的七种信息共享结构，探讨信息共享的价值，研究发现随着共享信息的梯队数量的增加，"牛鞭效应"在供应链中的整体传播会较少，而在供应链上下游节点中，下游节点的信息共享程度对整体供应链成本的影响较大[37]。Ruiliang Yan等通过博弈论模型对信息共享与双寡头市场中的企业盈利能力进行的研究，其结果表明当两家公司具有高水平的客户满意度，提供具有知名品牌的产品，或销售环节在市场上被替代时，信息共享对两家公司都变得非常重要和必要，特别是如果两家公司以Stackelberg模式行事，信息共享的价值将进一步增加[38]。

2.国内关于信息共享的研究现状

目前国内大部分的学者针对信息共享这方面的研究主要集中在信息共享的实现路径研究、信息共享行为研究、信息共享与安全研究和信息共享的信任机制研究。

（1）关于信息共享实现路径的研究

胡利超和李解从项目全生命周期的角度出发，探究如何利用BIM技术在各主体间实现信息共享，提高各参与方的协同管理能力和BIM的应用效益，以及利用信息共享在协同管理方面作用[39]。郭雯雯和周来尝试运用云计算技术，为食用菌产业构建有效的信息共享平台。通过该平台的应用，使产业从优良菌种的培育到产成品的销售渠道等信息资源得以共享，实现信息资源的充分利用，推动整个产业的可持续发展[40]。杨丽丽对汽车产业闭环供应链上信息的构成和特征进行了研究分析，并结合二维码技术，提出了一个基于二维码技术的、具有较强的可操作性和交互性的信息收集与共享机制，从可共享的信息内容、各参与方进行信息共享的流程等方面对该机制展开了论述，解决了由于构建信息共享机制所带来的技术难度高、成本高、信息来源困难等一系列问题[41]。

（2）关于信息共享行为的研究

陈云等认为企业只有在借助"产业集群"平台进行合作创新时才具有进行信息共享的意愿和动力，而且产业集群规模越大、创新激励政策越好，企业会更有意愿共享更多的信息[42]。石培哲等分析了集群供应链内进行信息共享为企业带来的价值与阻碍，以及制定相应的激励机制对企业信息共享意愿的影响关系[43]。杨光飞通过对产业集群内各企业之间的合作机制开展相关研究，发现随着产业集群规模的不断发展，简单的"关系合约"也会产生失效的风险[44]。赵庚科和郭立宏对当地企业集群结构的分析，研究了激励信息共享合作的适当方式，并得出结论：对产业集群内各企业间不合作行为的惩罚力度达到企业之间再也不进行交易时，便可以鼓励集群内的企业间开展协作[45]。易经章等则认为，唯有在企业内部形成更高效的信息交流和协作渠道，才可以使得企业集群内的竞争和协作过程更为集中地为集群内各企业的发展与壮大而服务[46]。蔡猷花等通过对链式产业集群中影响企业合作意愿的因素及其关系进行了研究，发现在信息共享过程中企业之间所共享的互补性数据的比例与企业的合作意愿度成正相关，这对构建物联网信息共享模型有一定的指导意义[47]。贾秀妍等则利用博弈论的手段，对高科技信息产业集群的企业经营技术、制造工艺、研究技术和创新能力等开展了研究，并得出结论为信息与数据将从产业集群中信息存量高的企业向信息存量低的企业转移，只有当数据转移达到稳定时信息共享模式才会达到稳定状态[48]。

（3）关于信息共享与安全的研究

石硕针对数控机床产业集群区域网络协同制造模式，提出一种基于RESTful开发方式的数据保护机制，以提高不同企业信息系统之间进行信息共享的安全性[49]。李永强针对车联网中车辆信息共享安全问题提出了一种基于区块链网络技术的高效安全的信息数据共享机制，该机制借助DAG数据储存结构，用户信息假名化替换策略，以及双重过滤的信誉机制等技术方法，以达到有效提高车联网中信息共享的安全性的目的[50]。王童结合区块链的特征和安全多方计算，提出了一种安全、高性能的共享及多方计算模型，使得用户能够在自主控制数据的同时也能保证数据计算和共享的安全性[51]。信息共享安全的建设思路不仅可以从技术上实现，也应该考虑完善相应的制度框架。周瑞珏分析了日本网络信息共享安全的多层次的制度框架与灵活的共享机制对建设日本国内信息共享安全的有效性，认为结合我国复杂多变的网络信息环境，日本模式的演化路径能够为中国网络安全共享制度的设计与网络安全态势的研判提供新思路[52]。此外，这种"共享"并非指没有限度和原则的信息交互，而是具有一整套共享规则约束的信息分享和使用机制。马雷从共享范围与类型、共享主体与程序、共享权力限制等多种角度对CISA（《网络安全信息共享法案》）进行了解读，以期能够揭开美国信息共享的法律面纱，从而找到能够帮助我国进行相关制度设计的可借鉴经验和发展方向[53]。

（4）关于信息共享的信任机制的研究

在供应链网络持续发展的大环境下，出现了多样化的会对企业间信息共享过程产生影响的相关因素。刘晓婷等从演化博弈的相关研究中分析发现信任机制的创建对信息数据的开放及共享工作有推动作用，进而促进各类科研工作的协同合作创新等[54]。马现敏认为供应链内的合作过程与重复博弈行为相联系，其中同盟成员间依靠创建彼此间的信任关系的方式，解决合作内博弈过程中的"可信的威胁"问题，从而降低合作双方做出机会主义行为的可能性，减小需要选择其他新同盟企业而可能收到的更大的风险[55]。

罗小艺以供应链节点企业间的信任程度为参数研究了链内企业间知识共享的博弈过程，通过分析发现信任机制可以对企业的信息共享意愿、共享环境产生较大影响[56]。杨兴凯利用大数据分析方法建立了政府组织信息资源共享交互满意度评估指标体系，为促进政府部门信息资源共享提出了重要决策依据[57]。迟懿遥从信息产业集群的视角入手，利用演化博弈论理论，从公司的横向与纵向合作两个方面展开剖析，并着重分析了物联网信息公共体系中的有效信息量，以及群体内公司间的联合及欺骗活动等因素对公司利益所造成的相关影响[58]。通过构建相应的博弈分析模型，认为制定收益分享合同可以有效地解决产业集群信息共享过程中由于收入分配不均所带来的信任问题。

3.3 国内外数字创意产业与信息共享的研究评述

1.数字创意产业相关研究现状评述

数字创意产业作为文化创意产业或创意产业的一种产业发展形态，数字创意产业是一种文化创意与科学技术高度融合，拉动经济快速增长的新兴产业。目前的主要研究方向也涉及数字创意产业的发展意义。从国家经济发展现状来看，数字创意产业目前已经发展成为全球主要的几大经济体的国民支柱性产业，为国家的经济发展做出巨大的贡献；从研究现状来看，众多学者一致认为数字创意产业的发展有利于改善文化产业的产业结构，加强技术与文化多维度融合，推动传统的文化产业优化转型，使其成长为国家经济增长的新引擎。

数字创意产业的发展路径也取得了一定的研究成果，目前许多学者主要从数字设备技术创新，政策、资源和市场等条件驱动，以及创建产业集群的方式以推动数字创意产业的发展，但相关研究多是从宏观角度进行理论探讨，较少进行具体的实践应用分析，缺少切实可行或具体实施的路径方法。

数字创意产业是融合了高新科技的文化创意产业，正如臧志彭学者所认为的："架构在传统产业条件下的全球价值链理论已不再符合新兴的数字创意产业，所以必须促进数字创意产业国内产业价值链的创新发展。"在数字信息时代的今天，信息数据已经成为创造产业价值的重要影响因素，但目前缺乏针对数字创意产业信息数据价值最大化的相关研究。

2.信息共享相关研究现状评述

国内外对于信息共享的相关研究相对比较完善，从信息共享的价值驱动方向所进行的相关研究，实现信息共享的路径研究，再到解决信息共享过程中的安全问题相关的研究成果也比较丰富。

针对信息共享较为重要的问题便是如何实现信息共享过程中利益相关方的信息安全和信任问题，而目前在信息共享的安全方面，不仅有学者从技术层面进行了相关的探讨，也有学者尝试从制度政策方面进行研究寻找合适的路径。但针对产业发展方面的研究多集中在产业集群内部信息共享的激励机制方面，多数学者主要是采用定性与理论从宏观层面进行研究，较少针对某个具体的产业开展相关的研究。

在实现路径方面所进行的研究方向比较多，但基本未涉及数字创意产业，也未具体应用区块链和智能合约等技术实现数字创意产业信息共享的体系化，现有针对信息方面的研究多是实现信息数据可追溯性，尚未形成数字创意产业内部各利益主体针对信息业务实现自动化群体决策相关的研究成果。

通过综合数字创意产业及信息共享研究进展，本次研究构建基于联盟链的数字创意产业信息共享方案，是具有前瞻性和现实意义的：其运用密文属性加密技术为数字创意产业的信息共享安全提供保障，针对联盟链上不同产业间的企业通过智能合约对共享信息的应用进行研究，实现数字创意产业关联产业间的异业联盟、共享多赢，解决目前数字创意产业管理领域存在但尚未解决的问题，促进数字创意产业的发展。

本章小结

本章主要针对数字创意产业信息共享的国内外研究现状进行了论述和分析。通过综述分析结果可以得出，数字创意产业受到各国学者的高度关注，众多学者一致认为推动数字创意产业的发展将有利于改善文化产业的产业结构，促进文化产业的数字化转型，从而拉动国民经济的增长，但目前关于数字创意产业的研究还有许多领域值得完善；国内外关于信息共享的研究都比较完善，信息共享相关技术在其他产业领域的应用案例都相对成功，数字创意产业与信息共享技术的结合将是未来数字创意产业研究和发展的一个重要方向。

基于文献综述分析，发现目前研究成果中的不足和值得进一步解决和完善的问题，从而确定了本书研究的价值。

第 **4** 章

数字创意产业信息共享主体博弈行为分析

4.1 数字创意产业信息共享主体分析

为了分析数字创意产业中信息共享相关主体及行为策略，根据利益相关者理论分析信息共享过程中利益相关者的内涵，通过米切尔评分的方法再结合调查法对数字创意产业信息共享的相关主体进行分类。

1.数字创意产业信息共享相关主体界定的理论基础

利益相关者理论在20世纪60年代开始发展起来，到80年代该理论的影响逐渐扩大。但不同学者持有不同观点，通过对相关文献资料的分析，具有代表性的观点为弗里曼的论述，他认为可能为组织的生产、决策和一切活动带来不同程度影响或受组织、机构影响的个人、群体等均可称为利益相关者。因在特定环境和行为活动中，利益相关者拥有不同的资源，具有不同的认知能力和不同的利益诉求，则产生差异化的行为。如弗里曼站在企业角度分析利益相关者：股东是所有权利益相关者，供应商和消费者是经济依赖性利益相关者，政府和媒体是社会利益相关者[59][60]。由此可知利益相关者的界定需要在特定的组织和环境中进行分析。

2.利益相关者的界定方法——米切尔评分法

米切尔从"谁是利益相关者，其特征表现是什么"的角度出发，提出一套可行的方法用于进行利益相关者的分类和界定。他主要从3个方面和属性进行分析：首先是合法性，即某一群体或个体是否在法律层面拥有对企业、组织、团体、机构的获取权；其次是权力性，即某一群体或个体是否能拥有影响企业、组织、团体、机构的能力和地位；最后是紧急性，即某一群体或个体是否能够很快引起企业、组织、团体、机构管理层的关注。根据这3个方面对可能的利益相关者评分，根据得分结果的高低确定其类别[61]。

米切尔认为对于利益相关者的类别判定是随着时间变化、环境变化而动态变化的。符合前述3个方面中的任何一条都可成为利益相关者，若在失去或获得某个特性时，其所属类别也会相应地改变。由此米切尔依据以上3个方面将利益相关者细分为3类：第一类确定型，即同时满足以上3个方面属性的群体或个体(满足合法性、权力性和紧急性)，此类主体关系到企业、组织、团体、机构等的生存和发展，是有相关性的对象；第二类是预期型，即同时满足以上3个属性中的两个属性，此类型具体包括关键、从属和危险三个细类的利益相关者；第三类是潜在型，即满足前面三个属性中的任何一个即可，此类型具体包括蛰伏型，或有型和要求型三个细类的利益相关者。米切尔利益相关者分类如图4-1所示。

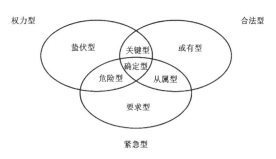

图4-1 米切尔利益相关者分类

3.数字创意产业信息共享的理解

在数字创意产业发展过程中，信息资源共享是推动产业高质量转型，市场形成良性竞争的重要内容。在信息共享方面需要寻求各利益相关者不同诉求的平衡，若忽略任何一方的诉求，则形成不了产业中的信息平台和有效的信息资源，难以实现信息资源共享最初预定的目标或预期的效用。为了确定数字创意产业中信息共享的相关主体，结合弗里曼分析的利益相关者的理解，得到数字创意产业信息共享利益相关者的特点为：

首先，根据弗里曼的利益相关者理论可知，群体和个体与企业、组织、团体等目标之间存在相互影响的关系。因此数字创意产业信息共享的利益相关者是指个人或群体对信息共享过程中所拥有的特定的利益诉求，该诉求在一定程度上对信息共享不同阶段的目标产生影响。并且利益相关者与目标之间存在主动或被动的关系。总而言之，只要能够影响数字创意产业信息共享的群体和个体均可作为利益相关者。

其次，参与数字创意产业信息共享的相关主体均应承担相关的风险，风险大小程度与其信息的供应源、信息质量、信息使用等相关，如信息质量越差，在信息共享过程中使用者的风险就加大，因此，数字创意产业信息共享的利益相关者的行为将影响共享行为的持续性。

4.数字创意产业信息共享利益相关者的划分

数字创意产业信息共享涉及的主体较多，主体之间的相互关系较为复杂，参与共享的角度也在不同阶段进行相互转换，对信息共享的目标影响程度也存在差异。在研究数字创意产业信息共享即信息平台构建过程中，需要先提取相关的利益主体，明确在共享过程中对共享目标实现和利益诉求达成度影响的程度大小的主体，以便在共享主体之间产生利益冲突时能够有效的识别出主体的主次之分。

为了提取数字创意产业信息共享的利益相关者，根据数字创意产业的行业特点和数字创意产业链的特征，通过文献资料的查阅，并咨询数字创意产业、文创产业方面的专家和学者，筛选出数字创意产业信息共享的主体有以下几类：A信息消费者；B信息请求方；C信息甄别方；D信息归属方；E信息传递方；F信息监管方；G信息平台构建方；H信息分类方。

采用米切尔评分法，只要符合合法性、权力性和紧迫性中的任何一条，均可作为数字创意产业信息共享的利益相关者。被调查的专家和学者根据米切尔法的三种属性对利益相关者进行评分，然后根据评分的高低进行分类，分别归属于确定型利益相关者、预期型利益相关者和潜在型利益相关者[62][63]，其评分维度及说明如表4-1所示。

数字创意产业信息共享利益相关者评分维度及说明   表4-1

维度	维度说明
合法性	被赋予在法律上或约定上，或道义上对组织、团体或机构的获取权，能有效的积极地规避、化解或承担相应的风险
权力性	数字信息共享中的主体拥有影响共享行为和信息资源的能力和权力
紧急性	利益主体的诉求能否快速引起其他相关者的关注

说明：数字创意产业信息共享利益相关者在三个属性维度方面的影响越高，则分值就越小。

为了确保对利益相关者的确定采用调查法在调查过程中产生数据的合理性和

有效性，采用专家访谈和网络邮件的方式获取相关信息。被调查对象有政府职能部门（文创产业部门）的人员，高校从事信息化管理和数字化研究的人员，从事文创产业研发和生产的企业管理层人员，从事信息技术的人员，对信息进行管理的人员。问卷调查内容包括被调查者的基本信息和影响程度（分数按1～10分，越低表示影响程度越高），对数字创意产业信息共享利益相关者从以上三个属性方面进行打分。问卷一共发放100份，回收问卷共97份，其中回收的有效问卷93份，调查问卷的有效回收率达到93%。

对回收的调查问卷采用SPSS9.0软件进行分析如下：从被调查者的工作单位类别可知政府文创部门的人员为10人，占被调查者总数的10.75%；高校从事数字产业研究人员为24人，占被调查总人数的25.81%；从事数字创意产业企业管理人员33人，占被调查人数的35.48%；从事信息技术方面的人员为14人，占被调查人数的15.05%；从事信息管理方面的人员为12人，占被调查人数的12.91%。对于被调查者从业年限的划分，从事数字创意产业管理、生产、研究的相关工作年限在1～5年的有36人，占被调查人数的38.71%；在6～10年的有31人，比例为33.33%；在11～15年的有11人，占比例为11.83%；15～20年的有7人，比例为7.53%；大于20年的有8人，比例为8.6%。

通过被调查人员对数字创意产业信息共享利益相关主体的评分，对其用SPSS9.0软件进行描述性统计，分析前述6类利益相关者在合法性、权力性和紧迫性三个属性中的均值如标准差[64]，其描述性统计如表4-2所示。

数字创意产业信息共享利益相关者属性得分描述性统计　　　　表4-2

利益相关者	有效样本	合法性				权力性				紧迫性			
		最小值	最大值	均值	标准差	最小值	最大值	均值	标准差	最小值	最大值	均值	标准差
A信息消费者	93	3	8	4.316	2.175	2	7	3.761	1.115	2	10	8.770	1.237
B信息请求方	93	1	4	2.317	1.042	1	5	2.167	1.125	1	5	2.335	1.732
C信息甄别方	93	2	8	6.274	1.603	4	8	6.964	2.113	3	9	6.126	1.414
D信息归属方	93	1	5	2.462	1.113	1	5	2.017	1.004	1	4	1.839	0.786
E信息传递方	93	3	6	4.556	1.067	4	7	5.101	2.616	2	7	2.875	1.110
F信息监管方	93	1	8	4.863	0.511	1	7	4.372	0.641	1	4	1.774	0.812
G信息平台构建方	93	2	8	6.156	1.919	3	10	8.665	2.013	3	10	7.015	1.816
H信息分类方	93	2	10	7.177	2.107	3	10	6.155	2.010	2	9	7.192	1.211

通过对数字创意产业信息共享利益相关者三个属性的统计性描述，对专家评分的平均值进行分类，共分为三类：高（1，3），中（3，6），低（6，10），分别为确定型、预期型和潜在型，如表4-3所示。

数字创意产业信息共享利益相关者划分结果　　　　　　　　　表4-3

利益相关者类型	利益相关者	理由
确定型	B 信息请求方	均满足合法性、权力性和紧迫性，其均值均在[1，3）区间
	D 信息归属方	
预期型	A 信息消费者	三个属性中，其中有2个属性在[3，6）区间
	E 信息传递方	
	F 信息监管方	
潜在型	C 信息甄别方	3个属性均在低区间[6，10）
	G 信息平台构建方	
	H 信息分类方	

根据需解决的问题及后文中信息共享需分析的模式，选择其确定型利益相关主体进行博弈行为分析和信息共享行为分析。

4.2 数字创意产业信息共享请求方和归属方的演化博弈

1. 信息请求方和信息归属方双方博弈行为及模型

数字创意产业信息共享的双方均具有有限理性，在充分考虑其收益、成本情况下，采取不同的行动策略。信息归属方的行动策略为信息的供给和不供给信息请求方的行动策略为使用和不使用。在信息共享过程中，利益主体因为个体利益、商业价值、风险大小或目的诉求等问题，会选择不供给或不使用策略，从而使共享的行为中断。一旦在共享过程中获得较高的收益或额外回报时，则双方会选择供给和使用的策略。因此在信息共享的请求方和归属方在有限理性和利益诉求最大化的前提下，双方博弈参数如表4-4所示。

信息请求方和归属方博弈参数 表4-4

参数符号	参数理解	
V	信息请求方和归属方分别采用"使用"和"供给"策略，因共享成立而产生的额外收益	
p	信息请求方和归属方额外收益中请求方的分配系数，则信息归属方的分配系数为$1-p$	
θ	信息请求方和归属方采用"使用"和"供给"策略，额外收益能实现的系数	
C_1	信息请求方所产生的成本	因无法合理化估计额外收益与成本的关系，则无法有效确定V与C_1、C_2的大小
C_2	信息归属方所产生的代价	
S	信息请求方采用"不使用"策略或信息归属方采用"不供给"策略时，正常收益产生的损失	
β	使信息共享收益损失的风险程度系数	
q	当信息共享收益损失产生时，信息请求方的分担系数$q \in (0, 1)$，信息归属方的损失分担系数为$1-q$	

说明：若信息请求方采用"不使用"策略，信息归属方采用"不供给"策略，则任何一方产生的共享成本均为0。

根据数字创意产业信息共享请求方和归属方的策略行为和相应参数，可得出双方博弈策略得失矩阵，如表4-5所示。

数字创意产业信息共享双方博弈策略得失矩阵 表4-5

		信息归属方	
		供给（y）	不供给（$1-y$）
信息请求方	使用（x）	$\theta pV-C_1$, $\theta(1-p)V-C_2$	$-\beta qS-C_1$, $-\beta(1-q)S$
	不使用（$1-x$）	$-\beta qS-C_1$, $-\beta(1-q)-C_2$	$-\beta qS$, $-\beta(1-q)S$

说明：设信息请求方采用"使用"策略的概率为x（$x \in [0, 1]$），采用"不使用"策略的概率为$1-x$；信息归属方采用"供给"策略的概率为y，采用"不供给"策略的概率为$1-y$。根据表4-5的数据进行分析：

首先，信息请求方采用"使用"策略时，期望收益为：

$$E_{11}=y(\theta pV-C_1)+(1-y)(-\beta qS-C_1)=\theta pyV-(1-y)\beta\theta S-C_1 \quad (4\text{-}1)$$

采用"不使用"策略时，期望收益为：

$$E_{12}=y(-\beta qS)+(1-y)(-\beta qS) \quad (4\text{-}2)$$

则信息请求方采取混合策略，结合式（4-1）和式（4-2）得到期望收益为：

$$\overline{E}_1 = xE_{11} + (1-x)E_{12} = x(\theta ypv - C_1) + (xy-1)\beta qS \tag{4-3}$$

其次，信息资源归属方采用"供给"策略时，期望收益为：

$$E_{21} = x[\theta(1-p)V - C_2] + (1-x)[-\beta(1-q) - C_2] \\ = \theta(1-p)xV - (1-x)\beta(1-q)V \tag{4-4}$$

信息资源归属方采用"不供给"策略时，期望收益为：

$$E_{22} = x[-\beta(1-q)S] + (1-x)[-\beta(1-q)S] = -\beta(1-q)S \tag{4-5}$$

则信息归属方采取混合策略，结合式（4-4）和式（4-5）得到期望收益为：

$$\overline{E}_2 = yE_{21} + (1-y)E_{22} = y[\theta x(1-p)V - C_2] + (xy-1)\beta(1-q)S \tag{4-6}$$

2. 信息请求方的演化稳定性分析

（1）信息请求方的演化稳定性相位图

根据式（4-1）和式（4-3），得到信息请求方的动态复制方程为：

$$F(x) = \frac{dx}{dt} = x(E_{11} - \overline{E}_1) = x(1-x)(\theta ypV + \beta yqS - C_1) \tag{4-7}$$

1）若 $y = y^* = \dfrac{C_1}{\theta pV + \beta qS}$，则 $F(x) \equiv 0$。要使信息资源请求方的动态复制方程处于稳定状态，则信息资源归属方选择"供给"策略的概率必须等于 y^*，在此情形下信息请求方的策略比 x 在 $[0，1]$ 区间任意取值时其动态复制方程均是稳定状态。其演化相位图如图4-2所示。

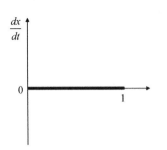 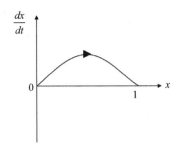

图4-2　$y = y^*$演化相位图　　　　图4-3　$y \ne y^*$ 且 $\theta pV > C_1 + \beta qS$ 相位图

2）若 $y \ne y^* = \dfrac{C_1}{\theta pV + \beta qS}$，令 $F(x) = 0$，则 $x = 0$ 和 $x = 1$ 是两个稳定状态，则对 $F(x)$ 求导得：

$$\frac{dF(x)}{dx} = (1-2x)(\theta ypV + \beta yqS - C_1) \tag{4-8}$$

由于演化博弈得稳定策略应为 $\frac{dF(x)}{dx} < 0$，则对 $\theta ypV + \beta yqS - C_1$ 分情况讨论：

①：$\theta pV - C_1 > -\beta qS$，即信息请求方选择"使用"策略时得到的额外收益大于可能导致的损失，$\theta ypV + \beta yqS - C_1 > 0$。由于 $\frac{dF(x)}{dx}\Big|_{x=1} = 0$，则 $x=1$ 为演化稳定状态。即使在信息共享最初阶段信息请求方选择"不使用"策略，但在时间作用下不断博弈过程中逐渐改变策略，最后会采用"使用"策略，与信息归属方的策略行为概率无关。其演化相位图如图4-3所示。

②：$\theta pV < C_1$，即信息请求方选择"使用"策略时得到的额外收益小于可能支出的成本，$\theta ypV + \beta yqS - C_1 < 0$，由于 $\frac{dF(x)}{dx}\Big|_{x=0} < 0$，则 $x=0$ 为演化稳定状态。即使在信息共享初期选择"使用"策略，在时间作用下不断博弈的过程中逐渐改变策略，最终会选择"不使用"，与信息归属方的策略行为概率无关。其演化相位图如图4-4所示。

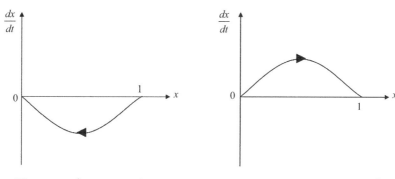

图4-4　$y \neq y^*$ 且 $\theta pV < C_1$ 相位图　　　图4-5　$C_1 < \theta pV < C_1 + \beta qS$ 且 $y > y^*$ 相位图

③：$C_1 < \theta pV < C_1 + \beta qS$，则有 $0 < \frac{C_1}{\theta pV + \beta qS} < 1$，即信息请求方得到的额外收益位于为此收益产生的最大损失和最小成本之间，此时信息请求方会根据信息归属方不同的策略而进行行为的选择，具体分为以下两种情况：

当 $y > y^* = \frac{C_1}{\theta pV + \beta qS}$ 时，则有 $\theta ypV + \beta yqS - C_1 > 0$，由于 $\frac{dF(x)}{dx}\Big|_{x=1} < 0$，则 $x=1$ 为演化博弈稳定状态。即当信息归属方选择"供给"策略概率高于 y^* 时，信息请求方的稳定性策略是"使用"，即使在信息共享最初部分请求方选择"不使用"

策略，但在时间作用下的不断博弈过程中会不断改变策略，最终选择"使用"。由此产生的演化相位图如图4-5所示。

当 $y < y^* = \dfrac{C_1}{\theta pV + \beta qS}$ 时，则有 $\theta ypV + \beta yqS - C_1 > 0$，由于 $\left. \dfrac{dF(x)}{dx} \right|_{x=1} = 0$，则 $x=0$

为演化博弈稳定状态。即当信息归属方选用"供给"策略的概率低于 y^* 时，信息请求方的稳定策略是"使用"。即使在信息共享初期请求方选择"使用"策略，但是在时间作用下的长期博弈过程中会最终选择"不使用"策略，其演化相位图如图4-6所示。

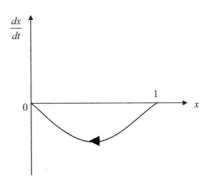

图4-6 $C_1 < \theta pV < C_1 + \beta qS$ 且 $y < y^*$ 相位图

（2）信息请求方演化稳定性结果分析

首先，当信息请求方采用"使用"策略所得额外净收益 $\theta pV - C_1$ 大于可能产生的损失 $-\beta qS$ 时，不管信息归属方是否采用"供给"策略，作为有限理性人的信息请求方均会采用"使用"策略；同样，当信息请求方采用"使用"策略时所得额外收益 θpV 小于信息共享过程中所付出的代价 C_1，不管信息归属方是否采用"供给"策略，作为有限理性人的信息请求方均会采用"不使用"策略。由此说明，信息请求方与信息归属方在博弈过程中，共享主体会首先考虑自身利益的保障程度和最大化，并在进行策略选择时对未来收益进行衡量，会主动放弃博弈决策中的不经济行为。

其次，当信息请求方的额外收益位于可能产生的损失及成本 $C_1 - \beta qS$ 和共享所付出的成本 C_1 之间时，信息请求方的策略行为取决于信息归属方的策略选择。若信息归属方采用"供给"策略的可能性越大，则信息请求方选择"使用"的策略概率就越大；相反，则信息请求方有大概率选择"不使用"策略。此时，信息请求方的策略行为较多的受到先期共享的影响因素和自己行为策略的影响。若信息归属方坚持"供给"策略，降低信息请求方损失发生的概率，则信息请求方选择"使用"策略的概率就越高；相反，则信息归属方共享的意愿不强，信息请求方预测后期共享会产生较大的风险，则会选择"不使用"策略。

3.数字创意产业信息共享归属方的演化博弈稳定性分析

（1）信息归属方的演化稳定性相位图

根据式（4-3）和式（4-6）得到信息归属方的动态复制方程为：

$$F(y) = \frac{dy}{dt} = y(E_{21} - \bar{E}_2) = y(1-y)[\theta x(1-p)V + \beta x(1-q)S - C_2] \qquad (4-9)$$

1）若 $x^* = \dfrac{C_2}{\theta(1-p)V + \beta(1-q)S}$，则 $F(y) \equiv 0$，由此可知，要使信息归属方的动态复制方程处于稳定状态，信息请求方选择"合作"策略的概率必须等于 x^*。在此状态下，信息归属方的y在[0，1]区间的任何值，其动态方程均是稳定的，其演化相位图如图4-7所示。

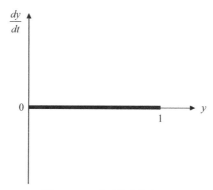

图4-7　$x=x^*$时的演化相位图

2）若 $x \neq x^* = \dfrac{C_2}{\theta(1-p)V + \beta(1-q)S}$，令$F(y)=0$，则$y=0$和$y=1$分别是两个稳定状态，对$F(y)$求导得到：

$$\frac{dF(y)}{dy} = (1-2y)[\theta x(1-p)V + \beta x(1-q)S - C_2] \qquad (4-10)$$

由于演化博弈的稳定性策略要求 $\dfrac{dF(y)}{dy} < 0$，则对$\theta x(1-p)V+\beta x(1-q)S-C_2$进行以下三种情况具体分析。

①：$\theta(1-p)V-C_2 > -\beta(1-q)S$，即坚持信息供给的归属方额外净收益大于可能产生的成本和损失之和，$\theta x(1-p)V+\beta x(1-q)S-C_2 > 0$，因 $\left.\dfrac{dF(y)}{dy}\right|_{y=1} < 0$，则$y=1$为稳定状态。即使在信息共享初期归属方会倾向于选择"不供给"策略，但是在

时间的作用下，博弈过程中会逐渐改变其行为策略而选择"供给"并保持不变，该策略的行为与信息请求方的策略概率 x 无关。其演化相位图如图4-8所示。

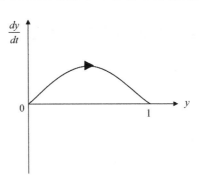

图4-8 $x \neq x^{*}$ 且 $\theta(1-p)V>C_2+\beta(1-q)S$ 演化相位图

②：$\theta(1-p)V<C_2$，即坚持信息供给的归属方所得额外收益小于在共享过程中所付出的成本，$\theta x(1-p)V+\beta x(1-q)S-C_2<0$，因为 $\left.\dfrac{dF(y)}{dy}\right|_{y=0}<0$，则 $y=0$ 为稳定状态。即使在信息共享初期，归属方可能会选择"供给"策略，但是在时间的作用下博弈过程中会逐渐改变行为策略，最终会选择"不供给"，该策略行为与信息请求方的策略选择概率 x 无关，其演化相位图如图4-9所示。

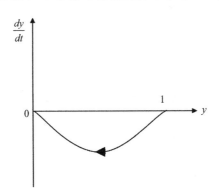

图4-9 $x \neq x^{*}$ 且 $\theta(1-p)V<C_2$ 演化相位图

③：$C_2<\theta(1-p)V<C_2+\beta(1-q)S$，一定使 $0<\dfrac{C_2}{\theta(1-p)V+\beta(1-q)S}<1$，则信息归属方的策略行为会根据信息请求方的策略选择概率 x 而确定，具体分析如下：

当 $x>x^{*}=\dfrac{C_2}{\theta(1-p)V+\beta(1-q)S}$ 时，$\theta x(1-p)V+\beta x(1-q)S-C_2>0$，因 $\left.\dfrac{dF(y)}{dy}\right|_{y=1}<0$，则 $y=1$ 为稳定状态。即当信息请求方采用"使用"策略的概率高于 x^{*} 时，信息归属方的演化稳定策略是"供给"，即使在共享初期归属具有"不供给"策略

行为，但在时间作用下博弈过程中会逐渐改变其策略，最终持续采用"供给"策略，其演化相位图如图4-10所示。

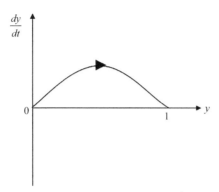

图4-10 $C_2 < \theta(1-p)V < C_2 + \beta(1-q)S$ 且 $x > x^*$ 演化相位图

当 $x < x^* = \dfrac{C_2}{\theta(1-p)V + \beta(1-q)S}$ 时，$\theta x(1-p)V + \beta x(1-q)S - C_2 < 0$，因 $\left.\dfrac{dF(y)}{dy}\right|_{y=0}$ <0，则 $y=0$ 为稳定状态。即当信息请求方采用"使用"策略的概率低于 x^* 时，信息归属方的稳定性策略是"不供给"。即使信息共享初期信息归属方选择"供给"策略，但在长期博弈过程中会逐渐改变，最终会坚持"不供给"，其演化相位图如图4-11所示。

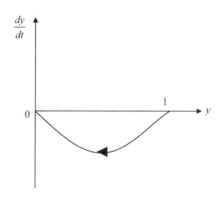

图4-11 $C_2 < \theta(1-p)V < C_2 + \beta(1-q)S$ 且 $x < x^*$ 演化相位图

（2）信息归属方演化稳定性结果分析

首先，当坚持"供给"策略的信息归属方额外净收益大于产生的损失及成本之和，即 $\theta(1-p)V - C_2 < \beta(1-q)S$，不管信息请求方是否采取"使用"策略，作为有限理性人的信息归属方都会选择"供给"策略。反之，若 $\theta(1-p)V < C_2$，不管信息请求方是否选择"使用"，作为有限理性人的信息归属方均会采用"不供给"策略。由此可知，数字创意产业联盟内信息共享双方在行为策略选择时，首要考

虑的是自身利益的实现程度，在演化博弈过程中受到外部影响，一旦共享成本高于所得收益，则共享的持续性会减弱。

其次，当数字创意产业联盟中信息归属方共享所得额外收益位于损失成本 $C_2-\beta(1-q)S$ 和共享所产生的成本 C_2 之间时，信息归属方的策略选择取决于信息请求方的策略行为。当请求方选择"使用"的概率加大时，则归属方选择"供给"的概率上升；反之，则信息归属方更大概率选择"不供给"。由此可知，数字创意产业联盟信息共享中信息归属方的策略选择易受共享其他主体的影响，根据对方的行为采取对应的策略。

4.3 数字创意产业联盟信息共享中请求方和归属方组合策略稳定性分析

根据本书前述的式（4-7）和式（4-10）对信息请求方和归属方行为策略演化稳定性的论述，使用雅可比矩阵的局部稳定性分析法，分析两个公式组成的系统稳定性，形成五个局部平衡点，即 $F_1(0,0)$，$F_2(0,1)$，$F_3(1,1)$，$F_4(1,0)$ 和 $F_5(x^*,y^*)$。其中 $x^*=\dfrac{C_2}{\theta(1-p)V+\beta(1-q)S}$，$y^*=\dfrac{C_1}{\theta pV+\beta qS}$。根据式（4-7）及式（4-9）组成的雅可比矩阵为：

$$
J=\begin{bmatrix} (1-2x)\begin{pmatrix}\theta ypV+\beta yqS\\ -C_1\end{pmatrix} & x(1-x)(\theta pV+\beta qS) \\ y(1-y)[\theta(1-p)V+\beta(1-q)S] & (1-2y)\begin{pmatrix}\theta x(1-p)V\\ \beta x(1-q)S-C_2\end{pmatrix} \end{bmatrix} \quad (4-11)
$$

根据式（4-11）得到 J 的行列式和迹分别为：

$$
\det(J)=(1-2x)(1-2y)(\theta ypV+\beta yqs-C_1)[\theta x(1-p)V+\beta x(1-q)S-C_2]
$$
$$
-xy(1-x)(1-y)(\theta pV+\beta qs)[\theta(1-p)V+\beta(1-q)S] \quad (4-12)
$$

$$
\mathrm{tr}(J)=(1-2x)(\theta ypV+\beta yqs-C_1)+(1-2y)[\theta x(1-p)V+\beta x(1-q)S-C_2] \quad (4-13)
$$

在以上存在的 5 个均衡点中，若存在某个局部均衡点能够同时符合 $\det(J)>0$ 和 $\mathrm{tr}(J)<0$，则该不均衡点为稳定状态，即为数字创意产业联盟信息共享的归属

方和请求方的稳定策略（ESS）。采用雅可比矩阵方法得到5个平衡点的稳定性分析如表4-6所示。

5个平衡点的稳定性分析 表4-6

平衡点	det (J)	det(J) 正负	tr (J)	tr(J) 正负	结果
$F_1(0, 0)$	C_1C_2	+	$-(C_1C_2)$	−	ESS
$F_2(0, 1)$	$(\theta pV+\beta qs-C_1)$	+	$C_2+\theta pV+\beta qs-C_1$	+	不稳定点
$F_3(1, 1)$	$C_2(\theta pV+\beta qs-C_1)[\theta(1-p)V+\beta(1-q)S-C_2]$	+	$-(\theta pV+\beta qs-C_1)+\theta(1-p)V+\beta(1-q)S-C_2$	−	ESS
$F_4(1, 0)$	$C_1[\theta(1-p)V+\beta(1-q)S-C_2]$	+	$C_1+\theta(1-p)V+\beta(1-q)S-C_2$	+	不稳定点
$F_5(x^*, y^*)$	$\dfrac{C_1C_2(\theta pV+\beta qS-C_1)\left[\theta(1-p)V+\beta(1-q)S-C_2\right]}{(\theta pV+\beta qS)\left[\theta(1-p)V+\beta(1-q)S\right]}$	−	0		鞍点

根据表4-6可知$F_1(0, 0)$和$F_3(1, 1)$为稳定性策略ESS，针对数字创意产业联盟信息共享中的请求方和归属方不同的策略组合，双方均会采用（不使用，不供给）或（使用，供给）策略。$F_5(x^*, y^*)$作为鞍点存在，在平面直角坐标系xoy中展示信息访问请求方和信息归属方的演化相位图，如图4-12所示，其中x轴和y轴分别表示信息请求方和信息归属方采用的（使用，供给）策略概率。

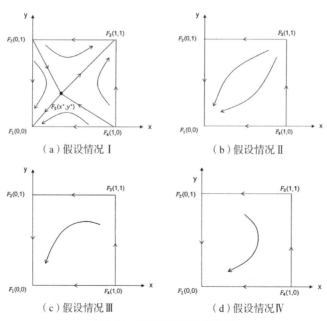

（a）假设情况Ⅰ （b）假设情况Ⅱ

（c）假设情况Ⅲ （d）假设情况Ⅳ

图4-12 系统动态演化相位图

根据数字创意产业联盟信息共享的请求方和归属方的收益和代价，依据图4-12，进行以下假设：

假设Ⅰ：若满足$\theta pV-C_1>-\beta qs$且$\theta(1-p)V-C_2>-\beta(1-q)S$，则信息共享双方选择（使用，供给）策略所得的净收益最高。依据表4-6和图4-12（a）可知，该情况下的局部平衡点有5个，分别是：$F_1(0, 0)$和$F_3(1, 1)$符合det（J）>0和tr（J）<0，满足演化的稳定性；$F_5(x^*, y^*)$符合det（J）>0和tr（J）=0，形成鞍点；$F_2(0, 1)$和$F_4(1, 0)$符合det（J）>0和tr（J）>0，结果为不稳定状态，该情形会促使信息访问请求方和信息归属方做出（不使用，不供给）的策略。依据图4-12（a）所示，系统向不同方向演化的界线是由F_2、F_4及F_5构成的折线，当位于折线左下方（$F_1F_2F_4F_5$区域范围内）时，信息请求方和归属方分别采取"不使用"和"不供给"的策略；当位于折线上方（$F_2F_3F_4F_5$区域范围内）时，信息请求方和信息归属方分别选择"使用"和"供给"策略。因此，信息共享双方的博弈关系变化趋势会随鞍点F_5的变化而改变。

假设Ⅱ：若满足$\theta pV-C_1<-\beta qs$且$\theta(1-p)V-C_2<-\beta(1-q)S$，则信息共享的请求方和归属方形成（使用，供给）的净收益比其他策略组合。该系统的局部稳定性分析如表4-7所示。

假设Ⅱ、Ⅲ、Ⅳ系统局部稳定性分析　　　　　　　　　表4-7

均衡点	假设Ⅱ			假设Ⅲ			假设Ⅳ		
	det（J）	tr（J）	结果	det（J）	tr（J）	结果	det（J）	tr（J）	结果
$F_1(0, 0)$	＋	－	ESS	＋	－	ESS	＋	－	ESS
$F_2(0, 1)$	－	不定	鞍点	－	不定	鞍点	＋	＋	不稳定
$F_3(1, 1)$	＋	＋	不稳定	－	不定	鞍点	－	不定	鞍点
$F_4(1, 0)$	－	不定	鞍点	＋	＋	不稳定	－	不定	鞍点

在表4-7中，只有$F_1(0, 0)$符合det（J）>0和tr（J）<0，形成唯一的演化稳定点，此情况下，数字创意产业联盟信息共享的请求方和信息归属方形成的策略是（不使用，不供给），其演化相位图如图4-12（b）所示。

假设Ⅲ：若满足$\theta pV-C_1<-\beta qs$且$\theta(1-p)V-C_2>-\beta(1-q)S$，则信息请求方选择"使用"策略的净收益比"不使用"策略的净收益低。信息归属方采用"供给"策略的净收益比"不供给"策略净收益高，局部稳定性分析如表4-7所示。只有$F_1(0, 0)$符合det（J）>0和tr（J）<0的要求，形成唯一的演化稳定点，此情况下信息共享双方的策略行为是（不使用，不供给），因为信息归属方若选择"供

给"策略，但请求方预计共享中损失的概率较大由此选择"不使用"策略，归属方发现此现状后为规避产生的风险而改变策略采用不供给，其演化相位图如图4-12（c）所示。

假设Ⅳ：若满足 $\theta pV-C_1>-\beta qS$ 且 $\theta(1-p)V-C_2<-\beta(1-q)S$，则信息请求方采用"使用"策略的净收益比"不使用"策略净收益高，而信息归属方采用"供给"策略的净收益比"不供给"的净收益低，如图4-12所示。只有 $F_1(0,0)$ 满足 $\det(J)>0$ 和 $\mathrm{tr}(J)<0$，形成唯一的稳定点，此时信息请求方和归属方形成的策略组合是（不使用，不供给）。理由是信息请求方采用"使用"策略，而归属方预计共享将会产生较大损失，则采用"不供给"策略，当请求方指导信息归属方的行为结果后，为了规避产生的风险而改变策略，选择"不使用"。其演化相位图如图4-12中（d）所示。

综上所述，在数字创意产业信息共享过程中，不管信息请求方还是信息归属方采用何种策略，只要不满足 $\theta pV-C_1>-\beta qS$ 且 $\theta(1-p)-C_2>-\beta(1-q)S$ 的条件，$F_1(0,0)$ 为其唯一演化的稳定策略ESS，双方的策略组合为（不适用，不供给）。只有当双方采用（使用，供给）组合策略的收益均大于其他策略组合时，共享才具有持续性。

4.4 数字创意产业信息共享演化博弈仿真分析

为了对数字创意产业信息共享主体之间演化博弈的稳定性结论进一步验证，此部分内容利用MATLAB软件对信息请求方和归属方的博弈行为进行仿真分析。

（1）根据数字创意产业信息共享中演化模型及假设条件，在符合 $\theta pV-C_1<-\beta qS$ 且 $\theta(1-p)-C_2<-\beta(1-q)S$ 的条件下，对相应的参数进行仿真。仿真的初始时间为0，结束时间为4，其参数的数值严格约束在规定范围内，其参数设置如表4-8所示，具体设置程序见附录1。

数组1的参数设置表 表4-8

V	S	P	θ	C1	C2	β	q
7	4	0.7	0.4	4	3	0.7	0.5

将数组1中各参数输入预先设定的MATLAB程序中，输出信息请求方和归属方的演化状态图及伴随时间，数组1中初始值为（0.9，0.9）的概率演化图如图4-13（MATLAB运行程序见附录2）和图4-14所示（MATLAB运行程序见附录3）。

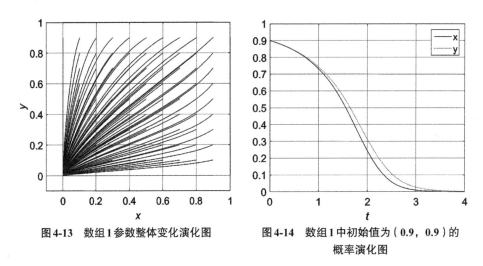

图4-13　数组1参数整体变化演化图　　图4-14　数组1中初始值为（0.9，0.9）的概率演化图

依据图4-13可知参数仿真结果的变化趋势与模型分布结果图基本一致。根据图4-14，存在信息请求方选用"使用"策略的概率大于信息归属方选取"供给"的概率，同时信息请求方先进入演化稳定状态，主要是因为双方在博弈过程中，可能存在信息请求方预先获得较为充足的信息供给源，便于提前调整自身的策略行为。

设$x=0.9$而y从0.2到0.8区间的演化，能够观察出y在不同数值情况下信息请求方的演化规律，如图4-15所示（MATLAB运行程序见附录4）。

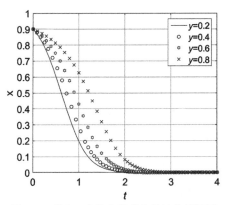

图4-15　数组1中信息请求方的演化规律图

由图4-15可知，若信息请求方选用"使用"策略的概率初始值逐渐增加时，而信息归属方选用"不供给"策略的概率同样随之增加，但最终不会影响到双方

的演化稳定状态。

设 $y=0.9$ 而 x 从 0.2 到 0.8 区间的演化，能够观察出 x 在不同数值情况下信息归属方的演化规律，如图 4-16 所示（MATLAB 运行程序见附录 5）。

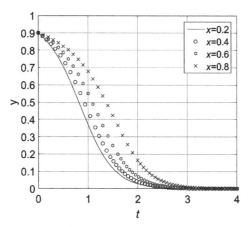

图 4-16 数组 1 中信息归属方的演化规律图

由图 4-16 可知，若信息请求方选用"使用"策略的概率初始值逐渐增加时，信息归属方选用"不供给"策略的概率同样随之增加，但最终不会影响到双方的演化稳定状态。

（2）根据数字创意产业信息共享的演化模型及假设条件，在符合 $\theta pV-C_1>-\beta qS$ 且 $\theta(1-p)-C_2>-\beta(1-q)S$ 的条件下，对相应的参数进行仿真。仿真的初始时间为 0，结束时间为 4，其参数的数值严格约束在规定范围内，参数设置如表 4-9 所示，具体设置程序见附录 6。

数组 2 的参数设置表　　　　　　　　　　　　　　　　　表 4-9

V	S	P	θ	C1	C2	β	q
7	9	0.7	0.4	4	3	0.7	0.5

将数组 2 中各参数输入预先设定的 MATLAB 程序中，输出信息请求方和归属方的演化状态图及伴随时间，$x=y=0.9$ 双方策略选取的概率演化图如图 4-17（MATLAB 运行程序见附录 7）和图 4-18 所示（MATLAB 运行程序见附录 8）。

依据图 4-17 可知其参数仿真结果的发展趋势符合签署模型中的分析结果。根据图 4-18，有信息需求方选取"使用"策略的概率变化情况依旧大于信息归属方选用"供给"的概率情况。

设 $x=0.9$ 而 y 从 0.2 到 0.8 区间的演化可知 y 值不同时信息请求方的演化规律如图 4-19 所示（MATLAB 运行程序见附录 9）。根据图 4-19 得到若信息归属方选

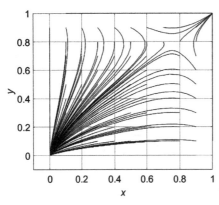

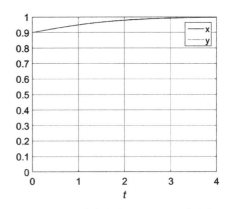

图4-17 数组2参数整体变化演化图　　　图4-18 数组2中初始值为（0.9，0.9）演化图

择继续"供给"的概率比例小于0.9时，信息请求方的策略向"不使用"方向变化。信息请求方选择"使用"的概率的初始值逐渐增大时，信息归属方选择"不供给"的概率随之增加；随着信息归属方"供给"策略概率的增加，达到$y=0.9$时，信息请求方会考虑自身的收益情况最终会改变策略而选择"使用"。

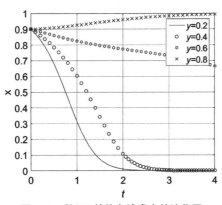

图4-19 数组2的信息请求方的演化图

设$y=0.9$，$x=0.2$至0.8演化可以知道x值不同时候信息归属方的演化如图4-20所示（MATLAB运行程序见附录10）。根据图4-20可知若信息请求方选择"使用"的概率在从0.1～0.5的时候，信息请求方选择"使用"概率初始值逐渐增加，信息归属方选择"不供给"策略的概率也随之增加；当信息请求方选择"使用"策略的概率达到0.5时，信息归属方在信息共享的最初阶段就往"供给"策略方向发展，随着信息请求方选择"使用"的概率逐渐减小并考虑到自身的收益情况而逐渐改变最终选择"不供给"，但对演化博弈的结果不产生本质性影响；当$x=0.9$时，信息归属方考虑到自身的收益情况后最终改变策略而采用"合作"。

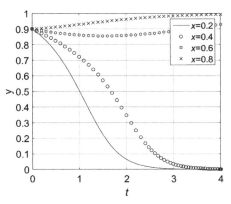

图4-20　数组2中信息归属方演化图

　　综上所述，根据第一种情况仿真模拟结果，在满足平衡点 $F_1(0，0)$ 为演化稳定性策略ESS的条件下，对于 x 和 y 数值的任何变化，对最终的稳定状态均不产生影响，数字创意产业主体之间的信息共享行为最终会导致失败。根据第二种情况的博弈模型及仿真结果可以知道，信息请求方和信息归属方之间的共享关系经过较长时间的博弈演化可以是（使用、供给）的组合策略，也可以是其他的组合策略，这取决于对方选择策略的概率大小。

本章小结

　　本章利用利益相关者理论，采用专家调查法对数字创意产业信息共享主体的进行了分类，最终选择出信息请求方和信息归属方作为确定型的利用相关主体。构建了双方不同策略下的信息共享演化博弈模型，并对模型中的参数建立了支付矩阵，形成了博弈的复制动态方程组，探讨了信息请求方和信息归属方采用不同策略下的演变规律进而分析其稳定性情况。最后通过MATLAB程序对假设的参数进行模拟，论证了数字创意产业信息请求方和信息归属方的演化博弈过程。

第 **5** 章

信息化管理中的区块链技术与理论基础

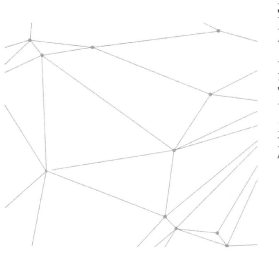

5.1 信息化管理的理论基础

1. 信息共享的理解

在信息化高速发展的时代，信息本身所带来的价值以及对其加工所产生的价值增值逐渐被人们所认识，经过加工整理有针对性的信息使得决策者的决策更加准确，能够提高各行业内部以及行业间的运转效率，推动整个社会在竞争中更加快速地发展。现代通信技术、计算机网络技术等现代化信息技术的高速发展为信息共享构建起通道，使信息价值在共享过程中得到升华。

目前相关学者对于"如何定义信息共享理论"的观点在本质上基本趋于一致：Lee 等将"信息共享"看作是一个多方协同方案，在该方案中，供应链上下游相关企业之间通过共享原材料和成品的需求、产能和存量等有关供应链运转的有关信息数据，以达到供应链整体共赢的局面[65]；蔡淑琴等提出信息共享是指存在于特定交易过程中供应链上相关合作企业之间的信息交互过程[66]；孙凯则将信息共享看作是在几方约定的特定时段内，利益相关者之间基于自身诉求和目的而共同管理信息资源的正式性沟通方式[67]；Khan 等认为信息共享是一种能够有效降低供应链整体的运作成本，提升供应链整体营收效益的信息合作方式[68]；Dubey 等则将信息共享看作为一种提升供应链整体的应变能力、适应能力和协同能力的数据交互方式[69]。

归纳以上学者对信息共享的理解，并结合本书的研究内容可以得出：信息共享是产业链上下游企业间为了降低成本，提高运作效率，实现多方共赢而达成合作，在合作期间与利益相关者共同管理信息资源并共同承担风险的正式性沟通方式。信息共享是现代产业链管理和运作的基础，通过共享信息，产业链上各参与企业可以准确可靠地进行决策，使整条产业链实现更加高效地协调运作。

2.产业融合理论

产业融合最早是指通信和信息行业之间的一种技术融合的现象，国外相关的专家及学者较早展开这方面的研究。Negroponte用三个圆圈相重叠的图像生动描述了计算机、广播和印刷之间由于技术边界的模糊所产生的融合现象，指出三个圆圈所产生的焦点是不同行业之间进行初级技术融合的体现，这种技术融合的形式可以很大程度上改变一个统一或不同行业的行业形势、竞争形式和价值创造的过程[70]。植草益认为产业融合即是通过技术革新和放宽限制这两种方式来降低行业之间的壁垒，从而加深行业内部各企业之间的竞争与合作关系的过程[71]。

国内对于产业融合理论的相关研究起步时间较晚。厉无畏于2002年提出了具有代表性的定义，即为了提高产业的生产效率和经济收益，借助于高科技的支持，相邻产业之间不断地相互渗透并逐渐融合，最终形成了集多种产业优势的融合产业[72]。胡金星则从系统理论出发，将产业融合定义为不同产业之间的一种合作或者竞争过程，在这个过程中不同产业组织的因素之间会进行相互作用融合并产生新型产业[73]。郑明高则从行业的角度出发将产业融合归结为不同产业或产业内部的行业之间由于产生了技术上的彼此融合而致使其产业属性或形式发生了本质上变化的动态过程[74]。周勇提出产业融合是不同产业要素和企业资源之间发生了相互交融，并由此产生了一种新产业的创新行为[75]。

产业融合的概念尚无统一性的定义，通过对以上学者所提出的概念的理解并结合本书的研究，认为产业融合是指为了保持产业可持续发展的动力，相互具有关联性的产业通过技术创新并逐渐发展、渗透、交叉，使产业间的壁垒逐渐降低、限制逐渐放松、技术逐渐提高，最终使关联产业融为一体形成新的产业形态的发展过程。

5.2 区块链的理解

1.区块链的概念

"区块链"一词最初来源于一位自称"中本聪"（Satoshi Nakamoto）的学者于2008年所发表的一篇具有奠基性的论文《比特币：一种点对点的电子现金

系统》。对于"区块链"的定义，不同学者基于不同视角给出了不同的理解。Melanie Swan认为区块链是一种具有开放性以及去中心化的数据库[76]。尹冠乔提出区块链从其本质上说可以将其理解为一种基于非对称加密算法的分布式账本技术[77]。穆启国则提出区块链是通过去中心化的方式激励参与者们共同维护一个可靠数据库的技术方案[78]。

本书认为区块链本质上是一个由多方共同维护，并通过密码学、时间戳、智能合约等相关技术支撑数据的高效传输与安全访问，从而实现数据信息地快速存储与使用、且难以篡改的去中心化数据库。其关键在于运用了分布式储存、不可篡改性的密码学算法以及共识机制使区块链网络节点之间相互信任，无须任何第三方的认证，从而很大程度上提高了对信息数据的利用效率。区块链网络中存储着每个节点所进行过的所有交易的信息记录，并借助密码学技术保证在网络中进行数据交易的安全性。此外区块链网络还具有公开透明性，网络中的任意节点都具有查看账本信息的权力。图5-1清晰地表明了传统集中式网络与分布式点对点网络之间的区别。

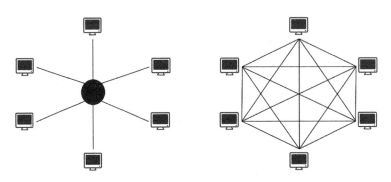

图5-1　传统集中式网络与分布式点对点网络对比图

从图5-1中可知，凭借区块链去中心化、公开透明性、不可篡改性等特点，区块链网络能够有效处理参与节点之间的信任风险，从而充分凝聚和团结各参与节点，促进资源的高效利用。与集中式网络模式相对，区块链网络的优势主要体现在以下几个方面：一是区块链是一种分布式的数据储存库，不存在拥有唯一管理权的中心节点，有效避免了由于中心节点的职权滥用所产生的信任危机；二是区块链只能添加数据，不能修改已经存在的数据，有利于保障数据的真实性和后期的责任追溯；三是区块链运用了非对称加密、哈希算法等密码学技术，能够有效保障已上链数据的安全性和用户信息的私密性[79]。

2.区块链的基本架构

区块链基本架构从下层至上主要由数据层、网络层、共识层、激励层、合约层和应用层组成。数据层对区块链的链式结构、区块信息，以及加密算法和时间戳等关键技术进行封装，是区块链核心的部分；网络层通过P2P等网络机制保障各节点之间进行数据验证；共识层运用共识算法以确保节点之间能够达成共识；激励层则是将经济因素引入区块链体系中，激励整个体系能够向着有序良性的方向发展，主要出现在公有区块链中；合约层封装了各种脚本代码、算法机制和智能合约，体现了区块链的可编程特性，通过编程实现用户所需的功能应用；应用层封装了区块链的各类应用场景，用户可操作的各类应用功能便部署在该层[80]。详见图5-2。

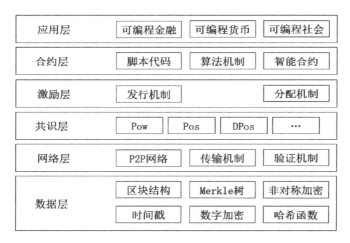

图 5-2　区块链基础架构图

3.区块链的运作原理

区块链是将"交易数据"储存在一个个环环相扣的区块中，并将这些区块按一定的时间序列连接在一起的链式数据结构，信息可以通过分布式系统储存到网络中的各个节点，并经由加密算法以确定其真伪。区块链中的每个区块主要包括区块头和区块体这两部分，前者主要是储存以下信息：①与前一个区块相对应的哈希值（通过哈希算法对该区块头中所含信息进行计算而得到的哈希值）；②梅克尔树根的哈希值（将交易活动对应的哈希值进行两两结对再次利用哈希算法进行计算得到新的哈希值，并将这些新的哈希值按两两结对的方式再次计算其哈希值，如此不断往复循环该过程直到得到最终的哈希值，由此便形成了一个树状的哈希值排列，其树根处的哈希值即为区块头对应的根哈希值）、时间戳（记录交易发生的时间）等。区块体则是记录交易的具体数据。详见图5-3。

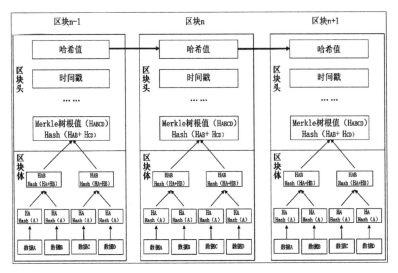

图5-3 区块链式结构示意图

区块链系统运行过程可以阐述如下：首先，链上所有的认证节点会对时间段内发生的每一"交易活动"（"交易活动"按发生时间的先后顺序进行排序）的相关数据进行真实性验证，然后在拥有区块记账权的认证节点将这些"交易活动"的相关数据（即在该时间段内所有的"交易活动"相关数据）的真实性验证结果在整个区块链网络中进行广播之后，其他的认证节点在达成共识后便可将该时间段内所有交易活动相关数据在自己的区块中记账。这些"交易活动"的相关数据会以Merkel树哈希值结构的形式形成区块体（不包含根节点哈希值），同时将上一区块的区块头哈希值、本区块Merkel树根哈希值、时间戳等信息汇集形成本区块的区块头，共同组成一个完整的区块。

区块链中所发生的所有交易都会被每个节点所备份储存，因此，每个参与节点所储存的"交易信息"都是相同的和完整的。此外，要实现对于某个"交易信息"的更改必须经全网超过51%的节点达成共识才能完成，这就使得篡改"交易信息"的代价极高，因此，基于区块链的这些特征，"交易信息"的安全性能够得到可靠的保障[81][82]。

4.区块链的基本特性

区块链的基本特性主要包括以下几点：

（1）去中心化：一是区块链是一种分布式的数据储存库，每个参与节点都会储存一份数据及其变动记录；二是区块链是一种点对点的网络模式，参与节点之间是一种处于一种平等的状态，彼此之间可以直接联系和交易，无需第三方组织的参与，相对于中心化网络模式，其能够有效避免由于中心化数据库腐败等问题所带来的信息泄露和数据被篡改等风险。

（2）数据不可篡改性：一旦请求上链的信息完成了共识就会被一直储存在区块链的某个区块中，并且每个参与节点都会对该信息进行备份。如果某个节点想要修改已上链的信息，则必须得到整个区块链网络中超过一半数量的节点达成共识才能实现，否则不行，因此，可以看出区块链对于链上数据的保护十分可靠[83]。

（3）信任机制：区块链上的所有交易信息都是公开透明的，通过数学方法和密码学算法来使交易双方不需要在中心机构的认证或参与下，就可以建立信任关系，这种信任机制将传统互联网对人的信任，转变为对数学算法、密码学和计算机等物理机器的信任，任何人为的因素都难以对其进行干扰和破坏，从而也就提高了对于信息的利用效率。

（4）匿名性：任意节点之间的数据传输必须依赖既定的算法协议，所以交易双方之间不需要彼此了解与信任，既保护了交易双方"个人信息"的私密性，也有助于提高"交易"效率。

（5）可追溯性：作为由各个区块连接起来而形成的链式数据存储结构，区块链每个区块形成时都标记上唯一的时间戳，并且不可被更改，因此，在对某个一区块进行追溯时能够借助时间戳快速查找，因此区块链是信息溯源的一种有效方式[84]。

5.区块链的类型

区块链系统根据应用场景和设计体系的不同，通常可以分为公有链、联盟链和私有链，其成员组织方式和区块链账本读写权限各不相同，而根据各自的不同特点来选取适合业务场景的区块链类型显得尤为重要，区块链的三种类型及其主要特点对比详见表5-1。

公有链是一种完全去中心化的区块链，也是最早出现的区块链。其面向所有的网络用户开放，用户可以通过注册或注销账号的方式自由地加入或退出公有链，并具有参与所有请求上链数据的共识过程的权力。但值得注意的是，数量庞

区块链的三种类型及其主要特点对比			表5-1
比较内容	公有链	联盟链	私有链
中心化程度	去中心化	多中心化	中心化
参与者	任何人	联盟成员	中心指定参与人
共识算法	POW、POS等	DBFT、PBFT等	自行背书
承载能力	0～100笔/秒	1000～10000笔/秒	1000～100000笔/秒
突出优势	适用范围广、安全性强	效率高、安全	隐私性高、可追索性强
代表应用	比特币、以太坊	超级账本（Hyperledger）	多链（Multichain）、Overstock

大的参与节点也使得共识过程的进程缓慢，时间成本高，从而导致整个公有链上的交易速度降低。

联盟链是一种部分去中心化的区块链，具有一定程度的隐私性，只面向经过身份认证的用户开放，参与节点会根据自身的身份而被赋予相应的读写权限。从交易速度和隐私性上来看，因联盟链内的成员数量较少，成员间多是具有共同的利益合作关系，因此共识机制流程较少，交易速度快，隐私性相较于公有链更好，更加适合商用[85]。

私有链的节点数量和状态是可控的，不对外开放，一般只有系统内部成员拥有读写权限，同时具有一个中心节点协调管控，去中心化的特征不明显，但交易处理效率高，隐私性好。

5.3 信息化管理中的区块链相关技术

1.哈希算法技术

哈希（Hash）算法又称哈希函数（一种散列函数），是一种单向性的加密体制，通过将任意长度的字符数据经过函数计算转换为具有固定长度的哈希值，实现将明文消息转换为密文消息的不可逆映射。但哈希算法难以实现密文消息的解密，该算法的优势在于即使是明文消息出现很微小的变化都会导致最终重新计算生成的哈希值与之前不同，从而有效保证数据的安全性[86]。其主要特征为：

正向快速：哈希算法能够实现有限时间内的哈希转换，很大程度上降低了复杂加密算法的时间成本。

不可逆性：哈希算法不能在有限时间内实现将密文转换为明文的过程。

输入敏感：哈希算法对于明文消息的变化极为敏感，就算是明文消息只发生了很细微的变化（例如一个标点符号的变化），都会使重新计算后生成的哈希值与之前不同。

冲突避免：经由哈希算法所生成的哈希值很难出现两个完全一样的值，如SHA-256加密算法（哈希算法的一种）其能够生成大约10^{77}种不同组合方式的哈希值，因此，基本不可能存在两个完全一样的哈希值。

目前常见的Hash算法有：MD5（消息摘要算法）、SHA（安全散列算法）等。安全散列算法（SHA）是一个包括SHA-1、SHA-224、SHA-256、SHA-384、SHA-512等几种变体的密码散列函数家族，除了SHA-1之外，其他统称为SHA-2算法，SHA-1和SHA-2两种算法的构造和签名长度都有所不同。由于区块链对于安全性要求较高，更适合使用安全散列算法，目前SHA-1已经被证实成功破解了，区块链普遍采用的SHA-256算法，这种算法目前还没有公开的证据证明其存在缺陷。

MD转换的提出成功实现了将只能接收固定长度输入的哈希算法转换为可以接收任意长度字符输入的哈希算法，很大程度上促进了哈希算法的应用。MD转换的主要原理为：借助压缩函数C实现将长度为m的输入值转换为长度为n（$n<m$）的输出值，其中m由长度为n的初始向量值和（$m-n$）的区块值两部分组成。哈希函数每一次进行哈希计算时都会调用上一个区块的初始向量值，一直循环下去直到最后一个区块并输出对应的哈希值。

安全散列算法的主要代表是SHA-256算法，其主要原理仍然是对输入值的长度进行压缩，但是此时的输入值固定为768位，而输出值则是一个256位的字符，此时的区块值则是一个512位的字符[87]。图5-4是SHA-256算法运作过程。

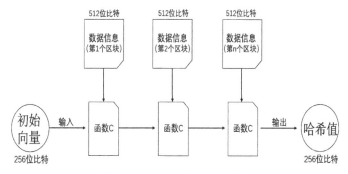

图5-4　SHA-256算法运作过程

2.数字签名技术

所谓数字签名，就是在要发送的消息上附加一段只有消息的发送方才能产生而别人无法伪造的数据，而且这段数据由原始消息数据经加密转换所生成，以此证明消息来源于发送方，是一种用于辨别发送方真实性身份的有效依据。基于哈希算法和非对称加密技术的结合，数字签名技术得以使用。目前已知的数字签名算法中具有代表性的有 Schnorr、RSA、ElGamal、Des/DSA、有限自动机数字签名算法、ECDSA（椭圆曲线数字签名算法）等，一般使用的数字签名算法包含了三种算法：

（1）（sk，pk）：=generate Key（key size）（密钥生成算法）

（2）Sig：= sign（sk，message）（标记算法）

（3）is Valid：= verify（pk，message，sig）（验证算法）

数字签名技术的运作过程为：

首先，A通过密钥生成算法随机生成一对密钥：公钥（pk）和私钥（sk），其中私钥用于进行数字签名；公钥用于验证签名的真实性。

其次，A想将文件C进行数字签名并发送给B，于是他先运用哈希算法对文件C进行计算得到哈希值H_2，然后通过标记算法运用私钥对哈希值进行数字签名，记为sig，并将原文件、签名和A的公钥一起发送给B。

最后，B接收到信息后，首先用A的公钥对文件进行解密得到哈希值H_1，然后使用和A相同的哈希算法对文件计算哈希值，得到哈希值H_2'，对比H_1和H_2'，如果两者相同则签名验证通过，否则不通过。详见图5-5。

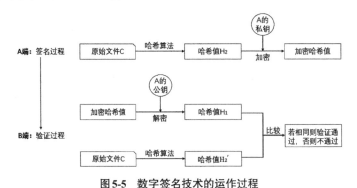

图5-5　数字签名技术的运作过程

3.共识机制

由于区块链本质上是一种去中心化的分布式数据储存库，其中的参与节点都有管理数据的权力，缺少一种促使各参与节点在进行数据管理时达成一致的作用机制，因此需要引入"共识机制"来保证各参与节点进行数据储存和交易时保持一致。共识机制的主要作用原理是通过选取整个区块链网络中的部分节点作为共识节点，负责对申请写入区块链网络的数据信息的真实性和准确性进行验证，只有当超过一半数量的共识节点都认为该信息数据具有真实性和准确性时，该数据才能被写入整个区块链网络中。

由于区块链具有"全民参与"的特点，因此带来的主要问题就是拜占庭将军问题（Byzantine Failures），是指当区块链系统存在某些恶意节点故意向全网报送具有误导性的错误信息，或者某些节点由于终端的设备问题不能接收、处理和发送信息，由此导致区块链网络中的部分节点之间的账目信息不相同，从而影响整个区块链中参与节点之间达成真实准确的共识。为了解决这个问题，使整个共识过程能够正常运转，并保证共识结果的真实可靠，众多的学者也提出了用共识机制的解决办法，目前主流的一些共识机制主要包括以下几种：

（1）工作量证明共识机制（Proof of Work，POW）

POW（工作量证明）共识机制的主要原理是参与节点通过不断重复一项直接明了的工作以证明其具有挖矿能力，若完成（即找出一个满足区块生成的哈希值）即可获得相应的奖励，比如挖矿权。该共识机制的优点主要体现在达成共识的操作过程简单，且节点之间无需进行其他的信息沟通，但所需的时间、财力等成本较高，共识效率低，且计算机长时间的工作也会造成对环境的污染，不适用于商业联盟。

（2）权益证明共识机制（Proof of Stake，POS）

POS（权益证明）共识机制的主要原理为该节点所拥有的权益越多，则其越容易获得奖励，从而拥有更多的权益，如此不断循环。该共识机制的优点主要体现在相对于工作量证明共识机制，有效解决了共识成本高和共识效率低下等问题，但由于以节点拥有的权益数作为是否给予奖励的判断机制，很容易造成权益高度集中在某几个甚至某一个参与节点处，形成"权益中心化"的局面，不符合商业合作中"人人平等"的原则，因此其不适用于商业联盟。

（3）委任权益证明共识机制（Delegated Proof of Stake，DPOS）

DPOS（委任权益证明）共识机制是在POS（权益证明）共识机制的基础上进行一定程度改进而得到的，主要原理是由具有权益的参与节点通过投票的方式选举出部分具有权益代表能力的节点，由这些权益代表节点直接参与挖矿过程。可以看到，DPOS只是在POS的基础上通过减少参与挖矿的节点数量，以提高共识效率，但其本质上没有解决POS共识机制容易造成"权益中心化"等难题，因此其不适用于商业联盟。

（4）实用拜占庭容错算法PBFT（Practical Byzantine Fault Tolerance）。

1）概念介绍

实用拜占庭容错算法是一种确定性共识机制，是由Miguel Castro 和 Barbara Liskov在1999年提出，即通过该共识机制一旦达成对某个结果的共识便不可逆转，该共识便是最终结果[88]。主要的运作原理是由主节点负责接收来自客户端请求共识的信息并经过处理之后将全网发起共识，经全网所有的节点以投票的方式表明自身对该请求的态度，以"少数服从多数"的基本原则决定是否同意该请求。借助这种模式，PBFT在保证共识真实准确的前提下，大幅度压缩了达成共识的时间和复杂程度，将达成共识的复杂程度由指数级降低至了多项式级。当区块链网络中的恶意节点或故障节点的数量小于所有节点总量的1/3时，便能够确保共识的正确性，加快交易确认的速度，因此适用于节点总量不大且强调交易处理效率的联盟区块链。

2）运作原理

结合到本书的研究内容，选用PBFT作为共识机制，联盟链节点数量少，仅服务于数字创意产业链上下游相互信任的企业之间，安全性值得保证，共识效率高，利于提高联盟链的整体运作效率，使数字创意产业链上的企业实现共赢局面。PBET算法的运作原理如下。

PBFT共识机制由三种节点构成：客户端（client）节点，主要负责向区块链网络发起信息上链的共识申请；主节点（primary），主要职责是接收来自客户端的共识申请，对其进行一定的处理后向全网广播该上链信息，发起共识；备份节点（backups），主要是负责响应主节点的请求，并对主节点广播的上链信息的真实性与正确性进行接收、验证和回复。比如若假设某次区块链网络共识过程中参与节点的总数量为n，其中恶意节点或故障节点的数量为f，则根据该共识机制的共识达成原则，只有当$n>3f$时全网才能达成共识，因此参与节点的总量至少为4。

3）运作过程模拟

为了清晰地论述该共识机制的运作原理，本书将对其共识过程进行模拟。

首先做出假设：节点0为本次共识过程的主节点，节点1、2、3为备份节点，其中节点3为恶意节点或故障节点。PBFT共识机制一共需要经历五个共识阶段，按顺序依次为：请求阶段（request）、预准备（pre-prepare）阶段、准备阶段（prepare）、确认阶段（commit）和回复阶段（reply），其中预准备、准备和确认三个阶段是整个共识过程的核心阶段，具体详见图5-6（其中"→"表示有效消息的发送过程）[88]。

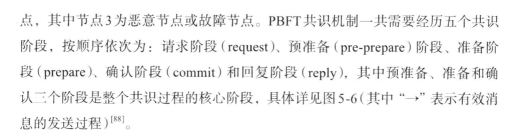

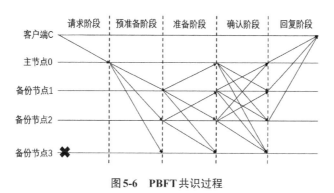

图5-6 PBFT共识过程

①请求阶段（request）：客户端C向主节点0发送某个请求，即将某个交易消息数据上链的共识申请。

②预准备阶段（pre-prepare）：该阶段主要涉及主节点对于请求消息的处理过程。主节点0在接收到请求消息后首先对客户端C进行身份核验，若核验无误则赋予这个请求消息m一个具有唯一性的序列码n，以保证后续其他节点在处理该请求信息时具有一致性。接着是对请求消息的摘要$d(m)$进行计算，并赋予其唯一的视图编号v，从而得到预准备消息$<<PRE\text{-}PREPARE, n, v, d(m)>, m>$。最后需要主节点0对该预准备消息进行数字签名，并在全网广播，所有的备份节点需要将该预准备消息备份至本地的消息日志中，以便以后的查阅。

③准备阶段（prepare）：该阶段主要是备份节点对预准备消息进行真实性和唯一性验证。备份节点1、2和3在收到来自主节点的预准备消息之后，首先通过身份验证核验该消息是否来自主节点，然后开始以下验证步骤：①核验该申请消息的视图编号v是否与主节点所在视图一致；②确认当下该序列码为n的申请消息是第一次收到，即确保该序列码n与申请消息之间的唯一映射；③重新计算申请消息m的摘要的哈希值，验证其与之前计算的摘要$d(m)$保持一致。若以上验证步骤均通过则生成准备信息$<PREPARE, n, v, d(m), i>$（其中"i"表示生成该准备消息的备份节点的标号），接着由备份节点对该准备消息进行数字签名，并在全网广播，此时需要所有的节点将预准备消息和准备消息都储存在本地。

④确认阶段（commit）：该阶段主要是全网节点对于前述的"预准备消息"和"准备消息"的真实性进行确认的过程。当主节点0和备份节点1、2和3都收到了2f（f是代表一定数量）条"准备消息"，并完成信息来源和信息内容的验证之后，所有的节点需要对此时的信息状态进行记录储存，并在全网进行广播自己"已完成确认过程"的消息<COMMIT，n，v，d(m)，i>。若全网的每个节点均收到了至少（2f+1）条"已完成确认过程"的消息，且这些消息均表示信息来源和信息内容无误时，则代表超过一半的节点达成了共识，此时全网所有的节点需要将该确认信息储存到本地。

⑤回复阶段（reply）：该阶段主要是对申请写入的消息诉求进行响应及回复的过程。当共识达成之后，就需要全网所有的节点响应诉求，执行客户端C的数据写入申请操作O，简而言之就是将该数据实际操作录入区块链的过程。在录入之后还需要各节点将"数据上链已完成"这一状态编辑成回复消息<REPLY，v，T，c，i，r>（其中"r"表示请求回复的结果），发送给客户端，当客户端收到（2f+1）条具有唯一性和真实性的回复信息时，则表示该数据已被成功录入区块链中，此次数据上链过程结束。

4. 智能合约技术

作为区块链发展进程中一项具有革命性的应用，智能合约于1994年由美国密码学专家Nick Szabo首次提出，将其定义为："一个智能合约是一套以数字形式定义的承诺（commitment），包括合约参与方可以在上面执行这些承诺的协议"[89]。智能合约的雏形可以追溯至比特币脚本，但由于其不具备图灵完备性，并不能完成较为复杂的逻辑运算，从而一直阻碍着区块链应用的发展。随着学者们在区块链技术的研究上不断深入并取得了重大突破，区块链技术的应用领域开始由比特币等虚拟货币应用扩大到整个金融领域，更加具有可编程性，即进入区块链2.0时代。此时也为智能合约的引入创造了更为良好的环境，促使更多的使用者能够利用区块链的分布式数据库和点对点的网络模式实现对智能合约的高效利用，从而达成自身利益诉求。

此外，区块链的快速发展离不开使用者的创新性利用和学者们的不断探索，其中"以太坊"平台的创始人Vitalik Buterin在编撰以太坊白皮书时加入了一段对智能合约的观点描述："智能合约不应被视为应履行或遵守的义务，它们更像是以太坊虚拟机（Ethereum Virtual Machine，EVM）中的机器人，当收到外部条件

（消息或交易）时就自动执行特定的代码并修改相关地址的余额或其他信息"[90]。也就是说，智能合约的运作原理可以阐述为：合作组织在协商约定相应的合约条款以及触发机制并以编码的形式在平台上生成智能合约之后，经由共识之后部署于区块链网络中，由此便完成了智能合约的创建，后续在区块链的实际运行过程中，智能合约会通过其与区块链的接口接收各种操作信息，当达到相应合约条款的触发条件时，智能合约便会自动执行该条款所对应的操作内容，待完成操作后经由与区块链的接口返回操作结果信息。智能合约的运作原理详见图5-7。

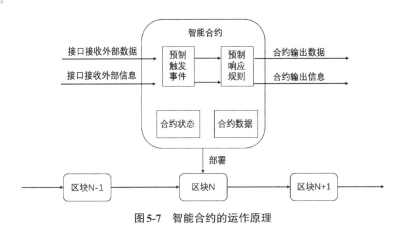

图5-7　智能合约的运作原理

　　智能合约的实际应用大大提高了区块链技术中的信息传输的效率，降低了信息管理、处理与维护的成本。目前可搭载智能合约的平台逐渐丰富，已扩展到所有的区块链平台，比较常见的平台有以太坊、超级账本等。其中以太坊平台支持多种编程语言，是一个向所有人开放的区块链应用平台，是公有链最广泛的智能合约应用平台，而超级账本中的基础区块链平台Hyperledger Fabric则是面向联盟链的智能合约搭载平台，其可以根据企业的应用需求进行定制，且对于使用者也有相应的权限要求，因此更适合于商业联盟内部的企业使用。

5.密文策略属性基加密技术

　　属性基加密（Attribute-Based Encryption，ABE）的概念最早由Sahai和Waters提出，也称为模糊身份基加密，主要基于生物特征的容错匹配进行身份识别[91]。在ABE方案中，用户的身份是由一串带有用户描述性属性的字符组成，而消息是在描述预期接收者的一组属性下进行加密，只要访问者的属性满足加密消息的策略属性即可解密该密文。根据私钥或密文是否与访问控制策略关联，基于属性的加密方案可以进一步分为密钥策略 ABE 方案（Key Policy Attribute-Based Encryption，KP-ABE）和密文策略 ABE（Ciphertext Policy Attribute-Based Encryption，CP-ABE）[92] [93]。KP-ABE 方案的思路主要是，将密文 CT 与用户的属性集 S 相关联，而将用户的私钥 SK 与访问控制策略 T 相联系，此时如果用户想要获取并解密一篇密文，则该用户的私钥的访问控制策略必须与密文的属性相对应，否则不能解密。而 CP-ABE 方案的访问控制思路则完全与之相反，它是将密文 CT 与访问控制策略 T 相关联，而用户的私钥 SK 则与其相关的属性集合 S 唯一对应。若用户想要解密某密文，则该用户的用户属性必须满足该密文所对应的访问控制策略 T，否则不能解密。由此不难看出，由于 CP-ABE 方案是将密文 CT 与访问控制策略 T 相关联，使得信息归属方能够制定信息的访问控制策略，从而充分保证了信息访问控制的细粒度，更加适合作为联盟链的信息访问安全控制方案的技术支撑。基于密文属性基加密的访问控制技术（CP-ABE）主要包含的算法步骤如下：

首先，Setup(λ)→（PK，MSK）：系统参数设置算法，执行方为属性权威中心（联盟链内部企业公认的第三方节点）。该算法的输入输出机制为：输入安全参数 λ，输出系统的公开参数 PK、系统主密钥 MSK。

其次，KeyGen（PK，MSK，T）→（SK）：用户私钥生成算法，执行方为属性权威中心。该算法的输入输出机制为：输入主密钥 MSK 和访问控制策略数 T，输出密钥 SK。

再次，Encrypt（M，T，PK）→（CT）：数据加密算法，执行方为信息归属方。该算法的输入输出机制为：输入明文消息 M、访问控制策略 T 和系统公开参数 PK，输出密文消息 M 所唯一对应的密文消息 CT。需要说明的是，访问控制策略 T 中除了包括一般的静态用户属性集合之外，还包含了针对该密文消息的访问时间和访问空间等约束条件所对应的动态属性。

最后，Decrypt（PK，CT，SK）→（m/⊥）：数据解密算法，由数据访问者执行。该算法的输入输出机制为：输入系统公开参数 PK、密文消息 CT 以及带有用户属性的私钥 SK，输出完成该密文消息 CT 所对应的明文消息 M。只有当用户属性满足访问控制策略 T 时，用户才能实现对密文消息 CT 的成功解密并取得与之唯一对应的明文消息 M，否则该算法将输出。

6.以太坊平台

由于区块链设计之初只能够实现虚拟货币的应用功能，不能支持其他领域的应用。为了弥补比特币系统（区块链1.0）应用领域有限、不具备图灵完备性以及无实时状态数据等缺陷，Vitalik Buterin于2013年首次提出了革命性的应用——以太坊平台，一种开源性的并支持智能合约的公有区块链平台，用户可在平台上根据自身需求创建和实现相应的应用功能[94]。经过了几年的市场检验，以太坊平台以其简洁、通用和模块化的设计成功赢得了市场的肯定。2018年2月，以太币成功成长为市值第二高的加密货币。

（1）以太坊虚拟机

以太坊虚拟机（EVM）就是为运行智能合约而搭建的独立封闭的容器环境，该容器是部署在以太坊节点上的，在其中运行的智能合约通过与以太坊节点之间的数据接口实现对相应操作请求的自动响应和执行。

（2）账户

以太坊的"信息共享状态"是由众多的账户（accounts）彼此之间通过以太坊信息传递架构进行信息数据交互所形成的，而这些账户根据其业务范围不同可以分为两类：即外部账户（Externally Owned Accounts）和合约账户（Contract Accounts）。

外部账户（Externally Owned Accounts）每个用户可拥有具有唯一性的一个，并且该账户会与用户的公私钥对相关联。用户可以通过使用自己的私钥对交易信息进行签名，从而确保与其他外部账户或合约账户之间的安全有效沟通。外部账户之间的交易只是简单的价值交换，不需要花费货币，即以太币。

合约账户（Contract Accounts）是由外部账户所创建的，其与外部账户之间具有唯一关联性。每个合约账户上都储存有一个与之对应的合约代码，合约账户的存在就是为了实现其他账户之间进行交易时所触发的代码功能。与外部账户不同的是，合约账户可以看作是以太坊平台所提供的功能性应用，能够帮助用户实现某些具有定制化的功能，因此合约账户的创建和使用都需要花费以太币。两者的异同对比可详见表5-2。

（3）交易

交易（transaction）是指外部账户生成、签名并经由哈希算法序列化后提交给区块链的一段指令。交易的类型有两种：一是某段消息；二是某个新创建的合约代码。

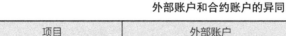

外部账户和合约账户的异同 表5-2

项目	外部账户	合约账户
账户控制方	用户控制	代码控制
账户上是否储存代码	否	是
账户是否可以直接发送交易	可以主动发送以太币的交易，并且可以发送交易触发合约账户代码	不可以主动发送交易，只能因外部交易触发代码对交易进行回应
创建账户时是否花费以太币	否	是
发送交易时是否花费以太币	与其他外部账户进行交易时不需要付费，与合约账户交互时需要付费	是

（4）消息

消息（message）是指不同账户之间进行沟通的介质，例如信息数据或者货币，值得一提的是，这种沟通过程只存在于进行沟通的账户之间，不会公开在整个以太坊中。

（5）费用

费用（gas）即在以太坊平台中进行交易的一种工作量衡量单位，每单位gas对应固定数量的货币。费用的存在是为了有效衡量用户的工作量大小，以挖矿为例，矿工处理了多少的信息请求和写入操作，就能获得与之对应的费用，通过这种工作量衡量机制能够有效保证整个以太坊生态的良性运转。费用的主要类型有"gasPrice""gasCost""gasLimit"和"gasFee"，其中：

1）"gasPrice"是指交易创建者对执行该交易所愿意支付的gas价格；

2）"gasCost"是指以太坊平台所规定的执行各种操作所需支付的gas价格；

3）"gasLimit"是指交易创建者对执行该交易所愿意支付的最高gas价格；

4）"gasFee"是指交易执行完成之后最终支付给矿工的实际gas价格。

（6）交易执行

交易的流程主要包括基础性检查、交易执行、数据状态验证三个阶段。

1）基础性检查阶段。基础性检查主要是包括交易数据的编码格式是否符合RLP规则，数据的签名和nonce（序号）是否真实准确，该交易所设置的gasLimit是否大于gasPrice，该交易所涉及的账户余额是否大于该交易所需的费用。只有检查结果都为"是"时，才表示基础性检查通过，可以进入交易执行阶段，否则不通过。

2）交易执行阶段。该阶段主要是矿工根据交易排序对交易信息进行处理的过程。在接收到交易数据之后，矿工节点会根据执行该交易所能所能获得的gas

费用由大到小对交易进行排序，并优先处理gas费用较高的交易项，即执行对交易数据打包上链操作；非矿工节点则负责验证区块的真实可靠性和更新交易数据的实时状态，其收费来源主要是根据gasCost。

3）数据状态验证阶段。在交易数据处理操作执行完成后，还需要进行ommer验证（即父区块验证）、交易状态验证以及对区块头中的nonce（序号）和mixHash（根哈希值）进行真实性验证，在完成了以上操作之后才能完成区块的写入操作。

最后，交易的过程也是区块链状态的变化过程，详见图5-8。从图中可以看到，一次交易的进行可以体现为合约创建或者是消息的写入过程，由此许许多多不同的交易共同被打包进区块中，就构成了区块链状态不断更新的动态变化过程，也就是以太坊平台的运作过程。

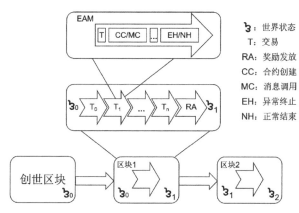

图5-8 区块链状态变化示意图

7.超级账本

超级账本Hyperledger作为一个推动区块链跨行业应用的开源项目，由Linux基金会于2015年首次提出，目前包含的行业主要有金融、高新科技、供应链和制造业等，不同行业的企业之间可基于自身需求达成约定，并借助超级账本平台定制特殊的区块链网络。超级账本发展至今已产生了多个个性化的子项目，根据应用场景的不同大致可以分为以下几种：支持以太坊的虚拟机Burrow、基于硬件芯片的移动端项目Sawtooth、面向企业层面的基础区块链平台Hyperledger Fabric等[95]。其中，面向企业层面的基础区块链平台Hyperledger Fabric以其可操作性高、兼容性较好而受到广泛的应用。Fabric的相关基础知识如下。

（1）节点

节点是指存在于Fabric中进行交易处理和账本维护的主体，其主要负责参与共识过程并通过执行链码操作以实现对交易和账本信息的管理。根据各节点所负责的业务范围不同可以分为以下三大类：即Client节点、Peer节点和Orderer节点。

1）Client节点：又称客户端节点，即代表着实体用户，主要负责向背书节点（Endorsing Peers）提交交易信息，并向排序节点发送"申请写入信息"的消息。

2）Peer节点：主要负责从排序节点处接收相应的操作请求，以完成对账本信息的有序状态更新和管理维护等操作。根据各节点所负责的业务范围不同又可以分为背书节点（Endorsing Peers）和记账节点（Commiting Peers）这两类，前者负责验证交易的真实性并进行背书签名，后者主要负责将已完成真实性验证并打包完成的交易信息记入账本。

3）Orderer节点：即排序节点，主要负责为Client节点和Peer节点提供一个彼此联络的信道，以及向全网广播交易信息的服务。Clinet节点通过该信道向全网广播"申请写入信息"的消息，背书节点和记账节点通过该信道接收各种信息处理的请求。

（2）数据结构

1）状态数据库（State）：即一种用于储存联盟区块链目前状态的实时数据库，而状态数据的查阅可以通过调用链码来实现。该数据库主要通过键值对数据库（KVS）来表示目前联盟区块链最新的状态数据，具体的表示方法为：字母"K"代表Key键，字母"V"代表value（即该"键值对"所代表的状态数据），字母"S"代表state（即该"键值对"目前的实时状态）。

2）账本（Ledger）：不同于状态数据库是用于储存实时状态的数据，账本的功能是记录所有有关数据处理的操作，以保证后期能够实现对于信息处理操作的记录追溯。

（3）链码

链码（chain code）可以看作是存在于超级账本中的一种智能合约，即用于实现执行某种特定化操作功能的计算机代码，主要部署在各个节点上，并存在于"容器环境"中单独运行。

（4）通道

通道（Channel）是一种带有一定程度私密性的两个及以上组织成员之间的数据联络方式，主要存在于联盟区块链中，它可有效保证交易信息只能在该组织内部各成员间流通。

（5）交易

交易即是指链码的处理过程，根据交易（Transactions）的业务范围不同可以将其分为"部署交易"与"调用交易"两种。

1）部署交易（Deploy transactions）：其主要负责将链码部署到区块链网络中。

2）调用交易（Invoke transactions）：其主要负责调用链码完成相应的操作请求，并返回一个操作结果，值得说明的是，"调用交易"必须是在链码已成功部署到区块链网络中的前提下进行。

虽然以太坊和超级账本两者都是基于区块链底层应用所搭建的上层建筑，但相互之间也存在一些区别，最主要的区别便是以太坊平台是针对公有区块链而开发的，任何节点都有权力运用以太坊平台，并参与其运作过程；而超级账本则是面向联盟区块链而开发的，具有一定程度的私密性，比较注重用户隐私，更加适合于商业联盟或者合作。但两者也具有一个共同点，那就是由于两者都是基于区块链而开发的，因此都支持智能合约的搭载和应用。

本章小结

本章主要介绍了信息化管理中的相关理论与技术基础。首先介绍了信息化管理的相关理论基础，包括信息共享理论和产业融合理论，为本书的研究方向及内容提供理论支撑。其次概述了对于区块链的理解，包括区块链的基本架构、运作原理和基本特性等，以供读者详细了解区块链。接着展开介绍了区块链相关的基础技术，为后续章节阐述如何实现数字创意产业信息共享相关的实际工作提供理论准备。

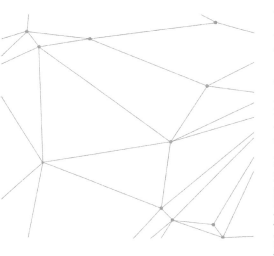

第 **6** 章

基于联盟区块链的数字创意
产业信息共享方案的构建

6.1 数字创意产业联盟链整体框架

1.数字创意产业联盟链框架设计原则

数字创意产业联盟链内进行企业间信息共享的基本原则有：

1）网络化诚信。通过引入联盟链技术，使数字创意产业联盟在系统网络内形成积极的诚信成效，使联盟企业间建立良好的信息共享信用。

2）分布式模式。基于联盟链的数字创意产业信息共享方案通过点对点分布式网络进行控制和传输，去中心化减少操作流程及成本等，提高信息共享效率。

3）安全及可追溯性。联盟链技术为数字创意产业信息共享提供安全保障，不仅保证联盟内共享及交易信息的机密性，同时可以保证所有活动的真实性以及可追溯不可抵赖性。

4）隐私。数字创意产业联盟内信息共享过程中，各企业应当有权控制己方信息数据流向，可以自主决定哪些身份信息、产品信息、交易信息，在哪些时间可以授权多少内容给其他同盟企业访问。

基于以上基本前提与原则，设计出适合数字创意产业联盟进行信息共享的方案。共享方案中主要涉及三大类型要素：联盟内相关企业；监管方；联盟链系统架构。从数字创意产业联盟链创建，各联盟企业节点上链，联盟内进行信息共享及交易，监管方对联盟的合规合法约束等方面出发，逐渐深入完成数字创意产业联盟链的信息共享方案的构建。

2.数字创意产业联盟链信息共享方案总体设计

（1）数字创意产业联盟区块链分层结构

在数字化与互联网深度融合的时代，各行业内的竞争与机遇都同时被放大，数字创意产业是当前时代中新型经济形态之一，以创新设计及文化创意为基础核心点，并通过数字创新及科学技术予以推动，深度融合文化科技及相关产业，因

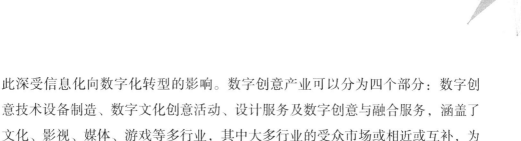

此深受信息化向数字化转型的影响。数字创意产业可以分为四个部分：数字创意技术设备制造、数字文化创意活动、设计服务及数字创意与融合服务，涵盖了文化、影视、媒体、游戏等多行业，其中大多行业的受众市场或相近或互补，为契合时代发展，原本相互独立的领域逐渐打破边界，数字创意"一意多用"联动开发，各形态产业合作发展势必成为新趋势。

在新的市场趋势下，数字创意产业如何构建安全可靠，同时能高效运作的信息共享方案是必须解决的问题之一。由于区块链技术自身具备的不可篡改、透明可追溯、去中心化等特性，可以为数字创意产业联盟的信息共享提供一个安全可靠，同时可以不依靠第三方机构的对信息数据进行分布式储存、交流传递及验证的新型共享技术方案，为数字创意产业联盟提供一个可维护的去中心化的可靠的信息数据库。为解决数字创意产业链信息共享的安全提供有力保障。针对数字创意产业联盟体间进行信息共享时，存在的效率低，安全性不高，数据易被篡改等问题，区块链中的联盟链更是可以使得联盟成员之间拥有独立的通信通道，在隐私保护、效率及灵活性上具有极强优势，与数字创意产业构建信息共享方案拥有绝佳契合度。

选择超级账本中的Hyperledger Fabric为基础支撑平台，构建基于联盟链的数字创意产业信息共享方案架构。在平台中使数字创意"一意多用"的联盟体形成一个密不可分的联盟区块链，并在链内进行信息数据的传递，以解决共享过程中的数据安全性，隐私性，真实性等问题。

每个区块链的基础体系结构都可以分为数据层、网络层、共识层、激励层、合约层和应用层，联盟链作为区块链的一种自然也不例外。

数据层上存放着联盟区块链的所有信息数据，是数字创意产业联盟链内最底层的数据结构。以没有记录任何交易的"创世区块"作为起始区块，在此基础上不断创建增加新区块，依次相连构成链式结构。在数据层内封装了哈希值、认证及交易的时间戳、交易信息、公私钥等，以确保链内信息数据在共享或交易过程中的安全性及隐私性，保障数据在链内不可篡改。

网络层是由各数字创意产业联盟链内各节点组成，联盟链内每个节点都有平等执行交易、验证交易的权利。在联盟区块链的网络系统内，每当某一节点创建了新区块后，将以广播的形式通知其他链内节点，收到通知的节点将对该区块进行验证，以此周而复始不断再创造新区块。在过程中使每个节点既能主动分享上传信息，同时也能接收其他节点创造的数据信息。网络层的本质是点对点机制、数据传输及验证机制，主要目的和作用是实现联盟区块链内部的节点间点对点去中心化进行信息交换，并使网络中所有资源和服务直接分配到节点手中，最终实现去中心化信任的数字创意产业联盟链，提高信息数据共享的安全性。

共识层主要包括共识算法机制，是区块链的核心技术之一，使得在网络系统中形成一个统一的、所有节点一致认可的共识规则，让高度分散的节点在去中心化的数字创意产业联盟区块链网络中达成高效的共识，确保联盟区块链网络系统中各节点对区块数据的有效性达成一致，以便更有效维护和更新联盟区块链系统总账本。

数字创意产业联盟链内各企业节点可以根据整条链内的唯一账本创建副本保存至本地，若产生新区块，则链内各企业节点要依据此区块更新本地的副本。为了使得链内账本信息数据相同，但由于实际网络状况不能允许各企业节点同时进行记账操作，因此联盟链内以竞争记账资格的形式选择相应记账节点，同时当产生新区块时该记账节点负责在联盟链内进行广播。因此联盟链内的共识层里采用的共识机制也可视为是各企业节点去争取记账资格的机制。

激励层主要包括激励机制和分配机制。通过制定一些制度，激励积极参与的节点，惩罚恶意节点，促使更多节点积极参与到联盟区块链的安全验证中，促使数字创意产业联盟链内的可靠性及安全性得以保障。

合约层主要指各类脚本代码、算法及智能合约等，其中智能合约是合约层中最核心的技术。将算法及脚本代码写入合约中，自定义合约条款和约束条件，规定出进行共享信息数据及交易的细节。

应用层主要指的是区块链平台内包含的各种各样的应用场景及案例，其与日常生活中的电脑系统内的浏览器的网站、应用程序、手机端的小程序等相似。在数字创意产业联盟链中应用层的应用场景主要包括信息共享、联盟企业间交易场景、信息应用场景等。

（2）数字创意产业信息共享模型构成

在数字创意产业联盟链的信息共享模型中，主要围绕信息访问请求方、信息归属方、数字创意产业联盟节点群、联盟链网络、监管方这五个组成要素进行构建的，其基本属性及职能分别为：

1）信息访问请求方：数字创意产业联盟链内任一节点均能对信息归属方的代表节点提出信息共享访问的申请。

2）信息归属方：主要需在访问共享构架上的联盟服务器内提出信息上链的

申请，并对其自身拥有的元信息数据完成查询预设、信息加密等操作。信息访问请求方若想取得目标信息数据相应的密钥，就必须与信息访问共享策略预设属性和条件相匹配，得到密钥后方可以此完成解密得到目标信息数据的访问共享权。

3）数字创意产业联盟节点：需要把信息归属方上传的元信息数据写入联盟链内后在链内进行广播；当信息访问请求方提出访问共享申请后，需负责判定其属性信息是否与信息访问共享策略中预设的一致，并做出抉择是否将授予信息访问请求方申请的信息数据的访问权。

4）联盟链网络：接收数字创意产业联盟服务器节点广播的带有查询、访问结构的属性加密密文。

5）监管方：一般由政府有关部门及数字创意产业行业内相关监管部门作为监管方，独立于数字创意产业联盟信息共享构架之外，监管方可以随时对联盟组织展开共享信息、交易信息等的审查工作。

由于监管方不参与数字创意产业联盟信息共享流程及操作等，因此不作为信息共享架构组成部分。基于联盟链的数字创意相关产业信息共享总体框架主要是由信息请求方、信息归属方、数字创意产业联盟节点、联盟链网络及联盟链式存储结构五个主要部分组成，如图6-1所示。信息归属方（数字创意相关产业不同信息的归属方）在用户端完成加密信息并设置其对应的基于属性的访问共享结构（即为访问控制策略），使得各不同信息持有方与访问请求方之间细粒度的访问控制得以实现。通过把访问机制和代理重加密技术联动运用在一起，从而使数字创意产业联盟链内可以落实一用户对多用户或者一用户对一用户的信息共享方案。在该联盟链系统内如果某信息访问请求方企业想要得到某文件或信息的密钥和访问共享的授权，首先必须满足对应信息归属方在系统内预设的信息访问控制策略

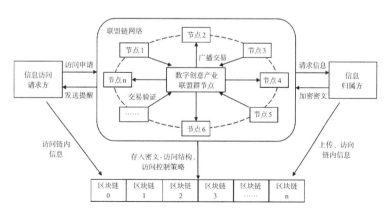

图6-1　数字创意产业联盟链内信息共享访问控制架构

中的各项条件，如企业节点的属性等，通过这种方式使得联盟链内可以在保持安全及灵活的前提下进行信息访问共享。

3.数字创意产业联盟链模块设计

根据联盟链的数字创意相关产业信息共享的应用需求，结合总体层级结构以及数字创意产业联盟链的信息共享系统构架，联盟链的信息共享系统主要涉及4大模块功能，这四大模块又可以大致分成12个核心功能，其共享逻辑流程如图6-2所示。数字创意产业联盟链内新节点需要进行注册并通过身份验证后才能在用户端登录入链，新用户节点入链后才能在链内进行信息数据的写入、传输共享、信息数据搜索与浏览等操作，除了需要登录入链外，新区块的形成还必须通过智能合约预设程序。

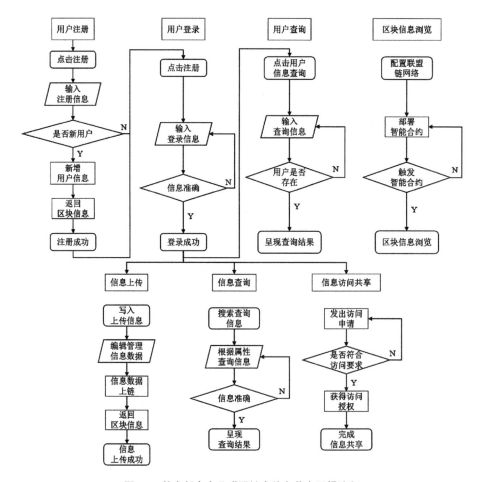

图6-2 数字创意产业联盟链内信息共享逻辑流程

数字创意产业联盟链内信息共享功能系统中四大模块分别为：用户管理模块、数字内容信息管理模块、激励结算模块、联盟链信息模块。

其中联盟链系统中的用户管理模块主要提供新节点注册与身份认证、各用户登录入链和查询用户信息等作用。联盟链系统中的数字内容信息管理模块则需要负责数字创意产业联盟链内信息共享流程涉及的功能，例如信息数据的写入上传、查询、访问共享等。激励结算模块需要按照链内信息共享情况与联盟内激励机制进行对比后得到奖罚结果，进而进行激励分配与交易转账。而数字创意产业联盟链的信息模块内则需要负责各类关于信息处理及前期部署操作，例如链内各种代码开发编写、不同智能合约的部署、激励机制的预设等，并且在该模块中需要能明确的展示数字创意产业联盟链中需进行交易的节点间的交易信息数据，其共享模块架构设计见图6-3。

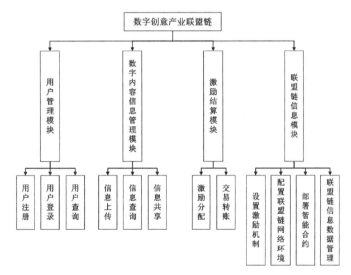

图6-3　数字创意产业联盟链信息共享模块架构设计

（1）用户管理模块

该功能模块的实现均需基于各类不同智能合约的预设制定，比如新节点的注册和身份验证过程就需要与智能合约交互后才能实现，并且在该模块中进行注册操作后将为该节点生成对应账户地址，后续该用户在联盟链内进行的操作记录将会被写入联盟链账本内，具体情况如图6-4所示。

联盟链内新节点上链前首先就需完成注册，在用户节点进行注册的过程中，如果某信息输入的形式不正确或未按要求输入所有信息，该模块将提醒该节点重写正确信息。当新节点完成用户注册后，该节点形成的注册信息将被放入新的区块内进行打包成块，并且该模块界面上将显示出该节点的账户地址、区块号等信息数据。此外，数字创意产业联盟链内各节点可以通过该模块搜索所有其他节点的注册信息，即这部分信息属于公开信息数据，以此保障各用户节点信息的真实可检验。

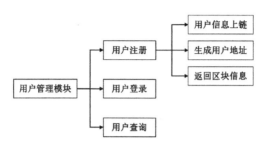

图6-4　数字创意产业联盟链系统内用户管理模块功能结构

在用户管理模块中涉及了用户登记合约、映射合约及信任关系合约的设计及应用。用户登记合约通过用户节点的哈希地址发现其映射合约，映射合约的权限所有者管理其信任关系合约。

（2）数字内容信息管理模块

该模块主要负责的是联盟链内各节点间信息共享流程中的各业务，信息数据写入与上传至链、搜索、传输等。数字内容信息管理模块功能的实现同样也与智能合约息息相关，并且也同样会把所有节点的操作情况写入联盟链的账本中，其管理模块功能结构如图6-5所示。

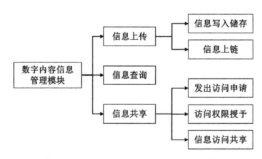

图6-5　数字创意产业联盟链系统内数字内容信息管理模块功能结构

内容信息上传操作指的是联盟链内的信息归属方在链内进行待共享的信息数据上传，并根据实际情况对部分信息进行加密，在联盟链内将记录下该数字内容信息的原始内容、传递及共享流向、交易地址、时间戳、区块号等信息。

内容信息查询则指的是可以把信息访问请求方的信息搜索申请传输至链内服务器处，使得对应的智能合约程序被触动自动执行，会把该搜索字符传至前端并进行分解查找，确认链内是否存在该信息数据，若存在则返还该结果给信息访问请求方。若是信息访问请求方需要访问共享关于信息归属方已加密的信息，则还需获得其密钥才可进行下一步相关访问操作。

数字创意产业联盟链内信息共享过程中的信息上传和信息共享业务均能发动相关交易激励结算记录，这几类交易业务完成后会在链内广播，通过相关节点对此内容检验确认后会形成对应记录日志，即在链内账本中记录该业务相关信息数据，以此确保链内账本内信息数据的正确和完整，并且后续将依靠这些信息数据开展联盟内激励结算工作。

（3）激励结算模块

该功能模块主要负责的是交易业务转账与激励结算分配工作，各节点的资金通过运用模块内的MetaMask钱包进行管理。该模块会按照信息共享过程中各节点的参与情况对信息归属方及相关验证节点等进行激励分配结算，激励结算时钱包会根据智能合约预设程序直接被触发，只需相关被激励的节点确认后就会进行激励交易，且各节点模块内的激励资金汇总显示会及时按实变更。

数字创意产业联盟链系统内在交易业务发生过程中基本都需要用到智能合约内的转账函数。比如在信息访问请求方进行信息下载时，在申请下载时就会立即引起相应智能合约中下载转账函数发挥作用，该函数确认这个交易业务申请后，钱包会对该节点弹出显示交易确认或取消的界面，如果确认该业务的进行，则在信息访问请求方支付后，联盟链的账本更新交易信息记录，并且该节点可以进行已支付的信息下载操作。除此之外，联盟链内的各个信息上传传送也分别匹配相应转账函数，函数可以检验确认交易业务信息数据及其相关节点账户，若交易双方均来自同一账户地址则不会触动该函数发生转账激励。即信息归属方只能在对外共享信息时才会收到激励分配。

（4）联盟链信息模块

数字创意产业联盟链内信息模块功能结构如图6-6所示。该模块主要负责的是联盟链网络环境配置、创建联盟内企业节点群并管理对应信息、部署编写联盟链内各种智能合约、设置链内激励机制。

联盟链内已打包的区块上可以对信息共享过程中涉及的六大项相关信息数据进行查看，包括上传地址、分发去向地址、时间戳、操作情况、交易凭证、区块号。这里的交易品质指的是发生的交易业务的哈希值，操作情况指的是记录下该操作属性类别。

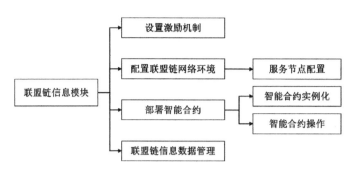

图6-6　数字创意产业联盟链内信息模块功能结构

4.数字创意产业联盟链授权节点的构成

数字创意产业是一种新兴融合性极强的产业业态，并且该产业通过现在技术和文化产业融合后还产生了新形态的经济模式。该产业以消费市场的实际需求为核心，在各领域各行业均不断高速发展的时代里，数字创意产业依然在消费市场内拔得头筹。数字创意产业链是指通过数字化及科学技术的方式将最初的文化或内容的创意变为一系列相关的创意产品，最终再到下游消费者处的整条通过创意连接起来的产业链条，该链条的发展方向是通过链内利润分配来确定并实现。

构建基于联盟区块链的数字创意产业链即为数字创意产业联盟链，在联盟链中形成密不可分的整体，依据该产业自身特性，可按照产业结构及业内各企业类型将数字创意产业联盟链内企业节点划分为上中下游组织。上游为技术及平台提供方相关企业组成，中游为文化、内容创意创造方相关企业组成，下游为产业销售渠道方相关企业组成。

数字创意产业联盟链内的每个企业视为一个主管理节点群，管理一个或多个节点，各主管理节点群串联在一起构成组织网络联盟链的分布式结构。各企业的主管理节点群由主节点、超级节点和普通节点三个部分组成。

（1）数字创意产业联盟链内联盟成员节点分类

数字创意产业联盟内根据产业链上中下游及各企业主营业务类型的不同，可以分为技术与平台提供方节点、内容创造方节点及渠道方节点三大类联盟成员节点。

1）技术与平台提供方节点

数字创意产业联盟链上游企业节点群为技术研发即基础设施设备供应方，如软件开发、装饰装修及多媒体设备。以数字化及科学技术的方式作为文化内容创意的传播媒介及平台，上游节点群在数字创意产业联盟链内提供的主要包括两方面内容：创意产品制作和传播相关的设施设备与技术。产品制作相关的设备及技术指的是与数字创意创作及协同相关的设备和技术手段，例如以大数据网络和人工智能等科学技术手段为支撑推动数字文化创意在制造生产中的运用。与传播推广有关的设备及技术以数字化呈现文化的技术为主，可以将文化创意内容用智能、迅速且真实的手段于消费市场中呈现出来。技术与平台提供方的上游节点群在联盟链内需上传各类技术、设备等的信息及研发状况，并根据中游节点群的产品设计涉及的内容及下游节点群传播和销售形式的需求，对技术、设备、平台等进行创新，以提升数字创意产业联盟链整体效益。

2）内容创造方节点

数字创意产业联盟链的中游节点群负责内容创作环节。文化内容创意创造方同时也担任创意资源提供方，在联盟链中为整个数字创意产业提供有效的素材及材料，涉及文化、创意、内容、版权等多领域，主要内容包括文化资源和数字创意产品，如文学原创、设计理念、动漫、影视、音乐、游戏等，内容创造方各主管理节点群将自己可公开的内容创意信息及数字创意产品信息整合上传至联盟链内与链内其他企业节点群共享，并实时更新，以便内容创造方内部创新发展，并使上游及下游各企业节点群更迅速了解内容提供方的发展方向，对应做出应变策略。在互联网日益发达的环境下，上游的内容提供方正在不断扩大领域，数字创意产业的外延也不断扩大，一切与文化创意相关的作品都可以成为数字创意产业可以发掘发挥的内容，并在数字创意产品开发设计过程中，产生了衍生产品与服务的设计。

3）渠道方节点

渠道方是数字创意产业联盟链下游节点群，位于该产业链的销售终端，渠道方可以与消费领域直接联系对接，直接获取消费市场的最新动态消息，该环节可以为整个产业链内获取整合数字创意产品信息及传播手段等资源，有利于为消费群体提供服务。联盟链下游企业节点群需在联盟链平台中向上、中游节点群及时上传共享消费市场的动向，消费者的意向趋势，各类创意产品或服务销售状况等信息，使上、中游各企业节点群能迅速做出反应，制定或优化决策方案，使效率及收益最大化。近年来，在信息科技及互联网大数据等技术的高速发展的推动下，渠道方也已经发展得很成熟。各种各样的应用市场、平台网络和媒体传播等已经逐渐发展壮大，其中各细分的不同领域内竞争十分激烈，这也给产品的推广与销售的资源提升提供了较大空间。除了线上渠道外，线下推广同样在各大市场内不断兴起，越来越多各类形式诞生，如主题园区、各类商区和主题展会等。

（2）联盟链内的节点群构成

数字创意产业联盟链网络中的节点群内，各企业的主管理节点的组成包括三大要素：主节点、超级节点和普通节点，使得数字创意产业联盟链内各节点群间的信息实时更新与共享能更顺利实现。数字创意产业联盟链网络的分布式架构，是由技术与平台提供方节点、内容创造方节点，及渠道方节点三大类型的企业内主管理节点群连接而成的，并且主管理节点内各部门节点在联盟链内呈网状形态交叉连接。

1）主节点

该类型的节点主要负责发起审批，数字创意产业联盟链内各企业的节点群中任一节点均能发起交易或共享，主节点是按节点工作职责进行选择安排的，即可以视为是各企业内的全部成员。

2）超级节点

该类节点由记账节点与共识节点组成。其中共识节点会参与交易信息记账的整个过程，主要需要完成的工作是验证账本内记录的信息并达成共识，并需根据普通节点情况向其下发任务，并审批普通节点提出的申请信息。记账节点是在普通节点中通过票选出来的，主要负责记录信息与数据到账本中，属于共识节点中的一种。总的来说，超级节点相当于数字创意产业联盟链内各企业节点群内部不同部门的管理人员。如果数字创意产业联盟链内所有企业节点群的网络构架中存在n个超级节点，其中除了存在1个记账节点外其他的均为共识节点。

3）普通节点

该类节点可以搜索了解共识情况，但不需负责记账流程，而是主要负责对交易、共享信息情况的及时更新，并根据共识节点向普通节点分发的任务将完成的工作传送出去。该类节点即表示各企业节点群中不同部门的员工。此外，普通节点中将选出一部分担任联盟链网络系统中的排序节点。这部分充当排序节点的普通节点还需额外负责联盟链内的交易业务排序事宜，也就是需要根据企业节点间的交易开展信息数据收取、排序、打包成块等整个交易过程涉及的工作，并且需要把新交易区块广播至数字创意产业联盟链中。

除此之外，普通节点在联盟链系统内还可以担任背书节点。这些背书节点主要需对联盟链内发出的交易背书申请做出相应处理操作，而且需要按照预设背书策略的要求，把背书查验结果返回到提出申请的节点处。这一过程中背书节点发挥的作用，可以类比于是在联盟链系统中检验并判断出交易是否合法及有效。显然可以看出，链内各个交易均需覆盖至少一个背书节点的背书验证通过，并且不同的背书节点匹配的预设的背书策略也不同。

（3）监管节点

根据区块链内节点的功能和权限，除了数字创意产业联盟链网络内部的各不同类型企业的主管理节点群外，还存在着监管方认证后形成的监管节点。

监管节点一般由政府有关部门及数字创意产业行业内相关监管部门等监管方组成，唯有监管节点在数字创意产业联盟链网络系统中，可以随时查看访问联盟内各类共享、交易信息，甚至可以查看未处理的信息共享或交易的请求池，且监管节点无须提出访问申请，可以直接查看。监管节点通过查看数字创意产业联盟各企业成员信息及联盟内相关信息，对该联盟的交易内容等进行合规合法审查，以防止数字创意产业联盟做出伤害社会利益的行为。

6.2 数字创意产业联盟链的建立与运行

1.数字创意产业联盟链形成

联盟链系统正式开始使用前，有一系列准备工作必须完成，比如获取Fabric-orderer、Fabric-peer等一系列镜像文件，以及编写各相应配置文件[96]，其中需要重点关注的主要工作如下内容。

1）取得镜像文件。通过docker pull命令在Docker中，获得置于远程镜像源内的系列镜像文件。比如取得Fabric-orderer镜像文件的相关命令见图6-7。同样的，可以通过一样的方法去得到Fabric-peer、Fabric-ca及Fabric-couchdb等系列镜像文件。

```
[root@localhost /opt/gopath/src/github.com/hyperledger/fabric]# docker pull hyperledger/fabric-peer
```

图6-7　取得镜像文件的相关命令

2）需进行crypto-config.yaml配置文件的编写。配置文件主要是针对联盟链系统内部分节点的组织进行定义，例如排序服务节点及Peer节点等，这里提及的组织定义主要涵盖各节点的名字、主机名、域名等方面的内容，主要配置内容见图6-8。

```
OrdererOrgs:
  # -----------------------------------------------------------
  # Orderer
  # -----------------------------------------------------------
  - Name: Orderer
    Domain: exanple.com
    # -----------------------------------------------------------
    # "Spercs"  -  See PeerOrgs below for complete description
    # -----------------------------------------------------------
    Specs:
      - Hostname: orderer
# -----------------------------------------------------------
# "PeerOrgs"  -  Definition of organizations managing peer nodes
# -----------------------------------------------------------
PeerOrgs:
  # -----------------------------------------------------------
  #Org1
  # -----------------------------------------------------------
  - Name: Org1
    Domain: org1.example.com
```

图6-8　crypto-config.yaml配置文件的主要配置内容

3）需进行docker-orderer.yaml配置文件的编写。配置文件在联盟链中发挥至关重要的功能。该配置文件将对Fabric网络中涉及的共识类型进行定义，此外还会定义服务节点账户地址及区块信息生成的配置，主要配置内容见图6-9。在Hyperledger Fabric网络平台中能挑选的预设共识类型有很多种，比如Kafka类型、Solo类型等。可以根据需求选择对应功能的共识类型，例如若只为检验信息

```
Orderer: &OrdererDetails

    # Orderer Type: The orderer implementation to start
    # Available types are "solo" and "kafka"
    OrdererType: solo

    Addresses:
        - orderer.example.com: 7050

    # Batch Timeout: The amount of time to wait before creating a batch
    BatchTimeout: 2s

    # Batch Size: Controls the number of messages batched into a block
    BatchSize:

        # Max Message Count: The maximum number of messages to permit in a batch
        MaxMessageCount: 10

        # Absolute Max Bytes:The absolute maximum number of bytes allowed for
        # the serialized messages in a batch.
        AbsoluteMaxBytes: 93 MB

        # Preferred Max Bytes: The preferred maximum number of bytes allowed for
        # the serialized messages in a batch. A message larger than the preferred
        # max bytes will result in a batch larger than preferred max bytes.
        PreferredMaxBytes: 512 KB
```

图6-9　docker-orderer.yaml配置文件的主要配置内容

共享与访问控制的可行性，那么可以不用采取吞吐量较高的Kafka类型，而选择更单一的Orderer排序服务节点就可以了。后续联盟链内新区块的打包生成时长也将由这个配置文件的参数影响。例如图6-9中的配置文件中，形成了3个影响新区块产生市场的因素，包括区块内存大小为98MB、两区块生成的时间间隔大于等于2s及已产生的信息已达10条，三者满足其一即可产生新区块了。

4）需要进行docker-peer.yaml配置文件的编写。这个配置文件内涵盖多个节点类型的启动配置，例如有Orderer节点，Cli节点，Peer节点及Couchdb节点。配置参数主要涵盖容器镜像地址、容器名字和容器端口号及机器端口号的映射，如图6-10所示。

```
services:

couchdh:
    container_name: couchdb
    image: hyperledger/fabric - couchdb
    # Comment/Uncomment the port mapping if you want to hide/expose the CouchDB service.
    # for example map it to utilize Fauxtan User Interface in dev environments.
    ports:
        - "5984: 5984"

ca:
    container_name: ca
    image: hyperledger/fabric - ca
    environment:
        - FABRIC_CA_HOME=/etc/hyperledger/fabric - ca - server
        - FABRIC_CA_SERVER_CA_NAME=ca
        - FABRIC_CA_SERVER_TLS_ENABLED=false
        - FABRIC_CA_SERVER_TLS_CERTFILE=/etc/hyperledger/fabric - ca - server - config/ca.org1.example.com - cert.pem
        - FABRIC_CA_SERVER_TLS_KEYFILE=/etc/hyperledger/fabric - ca - server - config/b0414df02166913dba611981d6c8460ba0cb
4a21f444ea59419a1b68dd938bd8_sk
    ports:
        - "7054: 7054"
    command: sh - c "fabric - ca - server start - ca.certfite/etc/byperledcer /fabriec-ca-server-config/ca.org1.example.
com - cert.pem --ca keyfile /etc/hyperledger/fabric - ca - server -
config/b0414df02166913dba611981d6c8460ba0cb4a21f44ea59419a1b68dd938bd8_sk -b adain.adainpw -d
    volumes:
        - ./crypto - config/peerOrganizations/org1.example.com/ca/:/etc/hyperledger/fabric - ca - server - config

peer0.org1.example.com:
    container_name: peer0.org1.example.com
    image: hyperledger/fabric - peer
    environment
        - CORE_LEDGER_STATE_STATEDATABASE=CouchDB
        - CORE_LEDGER_STATE_COUCHDBCONFIG_COUCHDBADDRESS=couchdb: 5984
```

图6-10　docker-peer.yaml配置文件的主要配置内容

5）按照联盟链需求下载相应的镜像文件，并且完成对应各配置文件编写后，后续工作就是开始启动Hyperledger Fabric网络平台，其中主要涉及的步骤具体如下所示：

①形成证书文件。Hyperledger Fabric网络可以提供cryptogen工具，可以以此在联盟链内形成整个网络未来运行时需要的证书文件。按照已经编写完成的crypto-config.yaml配置文件，完成cryptogen命令，如图6-11所示。

```
[root@localhost /opt/gopath/src/github.com/hyperledger/fabric/aberic]# ./bin/cryptogen generate - - config=. /crypto-config.yaml
org1.example.com
org2.example.com
```

图6-11　利用cryptogen命令生成证书文件

②形成通道配置文件及创世区块。Hyperledger Fabric网络平台中，任何交易业务信息数据均会记录在联盟链的账本内，该账本由大量区块构成，这之中第一个区块就是创世区块，这个区块中不会储存交易信息，而是用于储存链内配置信息。图6-12中显示的就是利用configtxgen命令生成创世区块和通道配置文件。

```
[root@localhost /opt/gopath/src/github.com/hyperledger/fabric/aberic]# ./bin/configtxgen - profile TwoOrgsOrdererGenesis -
outputBlock ./channel - artifacts/genesis.block
2021-02-28 03:14:41.658 EST [common/configtx/tool] main - > TNFO 001 Loading configuration
2021-02-28 03:14:41.692 EST [common/configtx/tool] doOutputBlock - > INFO 002 Generating genesis block
2021-02-28 03:14:41.695 EST [common/configtx/tool] doOutputBlock - > INFO 003 Writing genesis block
[root@localhost /opt/gopath/src/github.com/hyperledger/fabric/aberic]# ./bin/configtxgen - profile TwoOrgsChanel -
outputCreatechannelTx ./channel - artifacts/mychannel.tx - channelID mychannel
2021-02-28 03:14:47.276 EST [common/configtx/tool] main - > INFO 001 Loading configuration
2021-02-28 03:14:47.286 EST [common/configtx/tool] doOutputchannelCreateTx - > INFO 002 Generating new channel configtx.
2021-02-28.03:14:47.287 EST [common/configtx/tool] doOutputchannelCreateTx - > INFO 003 Writing new channel tx
```

图6-12　利用configtxgen命令生成创世区块和通道配置文件

③正式启动Hyperledger Fabric网络。通过编排工具docker-compose以此读档配置文件docker-orderer.yaml及docker-peer.yaml，随后方可启动Orderer节点，Peer节点，CA及Couchdb服务等，并通过执行docker-compose命令后启动对应服务，后续可以运用docker ps命令看到正在运行的容器有哪些，如图6-13所示。

```
[root@localhost /opt/gopath/src/github.com/hyperledger/fabric/aberic]# docker-compose -f docker-orderer.yaml up -d
Creating orderer.example.com - - - done.
[root@localhost /opt/gopath/src/github.com/hyperledger/fabric/aberic]# docker-compose -f docker-peer.yaml up -d
WARNING: Found orphan containers (orderer. example.com) for this project. If you romoved or renamed this service in
Creating ca          - - - done
Creating couchdb - - - done
Creating peer0.org1.example.com - - - done
Creating cli                - - - done
[root@localhost /opt/gopath/src/github.com/hyperledger/fabric/aberic]# docker ps
CONTAINER ID        IMAGE                      COMMAND              CREATED          STATUS
fb8587f16072        hyperledger/fabric-tools   "/bin/bash"          11 seconds ago   Up6 seconds
8c692aca367c        hyperledger/fabric-peer    "peer node start"    14 seconds ago   Up10 seconds
edd976bb259a        hyperledger/fabric-couchdb  "tini -- /docker-ent_"  18 5econds ago   Up13 seconds
fc81195cb876        hyperledger/ fabric-orderer "orderer"            37 seconds ago   Up34 seconds
```

图6-13　正式启动Fabric网络

④生成创建通道。按照第二步骤中生成好的通道配置文件，以Orderer排序服务节点为基础，可以创建一个名称叫作mychannel的通道，随后把所有Peer节点都加至mychannel通道内。整个过程中大致流程是：先执行docker exec命令并进入Cli端内，而后将执行peer channel命令后形成mychannel通道，见图6-14。

经过上述过程，即可在Hyperledger Fabric平台上成功搭建出数字创意产业联盟链网络，作为联盟成员间信息共享的基础。

```
docker exec - it cli bash
peer channel create -o orderer.example.com: 7650 -c mychannel -t 50 -f ./channel - artifacts/mychannel.tx
```

图6-14　生成创建通道

将企业根据业务日的不同以不同的了网连接起来，每一个子网对应一个 channel，而每个channel有自己独立的区块链。在Hyperledger Fabric平台上的数字创意产业联盟链网络中，一个企业可以有一个或多个节点加入整个联盟链；一个企业可以加入1个或者多个Channel（子网）；一个节点可以加入1个或者多个channel。每个channel构成一个子网，所以联盟链的网络是由子网组成（图6-15）。

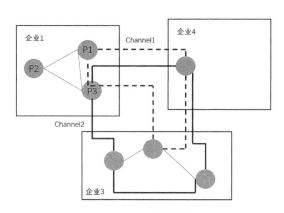

图6-15　子网简化模型

2.数字创意产业联盟成员节点认证上链

数字创意产业联盟链搭建完成后，联盟成员中初始用户在注册上链前，需先完成协同身份认证，通过认证后各企业或机构内成员可进行用户节点注册和登录。在协同身份认证过程中，通过"请求→身份共识→认证"的方式定义身份认证。该方法既可以减小各类明文消息（如口令、密码等）在联盟链系统内被窃取的概率，同时又可以降低运用传统中心化认证机制时对第三方的信任风险。在协同身份认证方式中，基于区块链交易的安全认证过程能够起到更高级别的保护作用。

当用户节点在数字创意产业联盟链网络系统以身份安全认证的方式请求发布交易时，交易发布的具体算法流程如下[97]（图6-16）。

第一步：注册及登录。当联盟链测试完毕正式启动使用后，数字创意产业初始企业用户可以在自己所在的联盟链内提出注册请求，首先需通过系统的身份验证，而后根据联盟链系统的登录口令，可以在联盟链内生成自己的私钥，并且完成用户注册。成功注册后的用户节点就可以在联盟链内的客户端登录上链了，后续所有交易均将基于该用户账户。

第二步：发出交易申请。联盟链内引入的智能合约，指的是程序开发员通过加密的代码编写使得其目标得以执行的程序。这里的智能合约将来自联盟链，且在联盟链内自动执行，最终执行输出也是在联盟链内，可以以此保障联盟链内智能合约储存的信息数据不被篡改、可以追溯源头等。在用户节点登录联盟链后，可以在客户端通过智能合约技术，提出交易申请。这之中涉及智能合约的创建方式、参数信息等内容。在提出交易申请时，该用户需用其自身私钥对该申请进行签名，并且需要根据要求匹配背书策略进行背书。

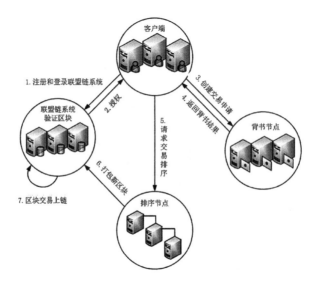

图6-16 数字创意产业联盟链系统内身份认证模型

第三步：进行交易前背书。背书节点接收用户用私钥进行签名了的交易申请后，首先需要根据联盟链系统内相匹配的背书策略中的要求，对该申请的签名展开查验确认，同时判断是否满足背书策略中的要求，从而判断该用户节点是否具有权限。如果私钥签名确认无误，背书节点就需进行下一步工作，按照该用户具有的权限、交易申请中的属性参数、关键信息等内容，并结合智能合约判断出的结果，生成执行决策与后续读、写操作的信息集合。后续将由背书节点在对应背书结果和操作信息集合上进行签名，随后进行打包回馈到对应客户端用户节点处。

第四步：进行交易业务排序。在客户端收到背书节点的消息反馈后，需先对打包的消息上的签名进行判断。若签名正确，那么用户就可以进行消息块的解析，同时对该消息块的内容进行对照验证，其中涉及的内容主要涵盖两个方面：验证背书结果是否一致，匹配的背书策略是否与规定的相同。如果以上验证步骤得到的结果均正确，那么该用户节点随后就可以把这整个过程中的全部消息进行打包，并打包成一笔交易业务，随后通过私钥进行签名，完成后把该成块的交易发给排序节点。当排序节点收到该完整的交易信息块后，将会根据时间顺序进行交易业务排序，其次排序节点会把一个时间区间内的交易业务信息进行打包成区块，最终把该新区块广播到联盟链网络中。

第五步：新区块入链。当数字创意产业联盟链系统内收到新广播的区块后，新注册的节点经验证后完成上链操作。联盟链最开始需要依次逐个检验待入链的新区块中包含的交易，总的来说基本还是检查交易信息与背书策略匹配相关的问题，还有背书写入与输出情况和交易产生前后的差别等问题。联盟链在进行检查时将标记该区块内包含的交易，主要是记录这个交易检查判定出的结果是有效还是无效。以上步骤做完之后，联盟链网络将利用共识算法使区块开始共识，随后按照共识决策在联盟链内添加该区块，并且该区块中包含的所有有效合法的交易信息，将被同步更新至联盟链账本记录及数据库内。最终，联盟链会把判断出的交易的合法性有效性结果反馈给对应用户[98]。

3. 数字创意产业联盟链内信息共享的基础

（1）契合的联盟成员

在组建"一意多用"的数字创意产业联盟链前，挑选彼此契合性良好的联盟成员可以大幅增大数字创意产业联盟走向成功的概率，并降低数字创意产业联盟内共享信息行为的风险概率，以此推动联盟内信息共享的实现。数字创意产业联盟在进行联盟企业的抉择时需要从多角度出发进行考虑，主要需以对方在业内的口碑、对方与己方的信息与资源的互补程度及对方与己方的兼容程度三大方面为主。首当其冲的是联盟企业在行业内的口碑名誉，因为这可以基本体现出该企业在行业内的竞争力如何，与竞争力高的企业进行联盟合作才更能使联盟成为数字创意产业高速发展下的最佳联盟。因此，在挑选契合的数字创意相关企业成为同盟前，需充分考察和分析对方企业内部的经济情况、产品开发及营销情况、市场占比情况等，若能与口碑和市场占比高的相关企业进行合作联盟可以大幅提高联盟成功概率，同时相互提高在行业内的竞争力。此外，数字创意产业联盟内各企业主体挑选同盟前还需斟酌的一个要素是联盟内的兼容情况。若形成的数字创意产业联盟内部各企业主体间能拥有较高的兼容性，则联盟内进行信息共享时可以更高效的完成信息资源的重组，减小时间成本。反之若联盟内企业主体间兼容情况不良，则将可能使联盟内信息共享不能顺利进行，使得该数字创意产业联盟在高速发展不断动态变化的数字创意市场内将毫无竞争力，甚至可能造成联盟瓦解。联盟内各企业间的信息及其他资源是否可以良好进行互补同样也是挑选契合的同盟企业的重要因素之一。如果数字创意产业联盟内企业间具有彼此需求的互补信息，则能极大程度上促进该联盟内的信息共享行为的成功完成。除此之外，信息及其他各项资源互补性高的数字创意产业联盟可以通过相互共享后，提升该联盟在持续动态变化的数字创意市场内的市场占比，同时建立联盟内企业间更稳定的信任关系，更有利于应对市场变化。

在数字创意产业联盟链已经形成并上链后，当网络中有新加入或退出的节点时，需要保证节点动态加入或退出时，密钥同样能由网络中的节点协商生成，并保持可信不被泄露。

1）节点加入

当数字创意产业联盟中有新企业或机构的节点加入数字创意产业联盟链网络时，必须通过联盟链内所有企业主管理节点的确认后方可加入该联盟链。该节点已经加入联盟链之后，就可以和原本的企业节点一样，可以在联盟链内进行共享信息并构建 N-1 次多项式。详细流程主要是：新企业或机构的节点 A_t 加入联盟链网络时，A_t 随机构造多项式 $f_t(x) = a_{t0} + a_{t1}x + \cdots + a_{t(N-1)}x^{N-1}$，信 $a_{t0} = f_t(0)$。然后，A_t 计算 $B_{tk} = g^{a_{tk}}(\bmod q)$（$k = 0, 1, \cdots, N-1$），同时向网络中其余所有节点 A_j 广播 $S_{tj} = f_t(j)$，每一个 A_j 都验证 $g^{s_{jt}} = \prod_{k=0}^{N}(B_{jk})^{t^k}(\bmod q)$。验证通过后，则计算 N+1 个节点的主密钥为：

$$S = \sum_{i=1}^{N+1} a_{i0}(\bmod q)$$

2）节点退出

当数字创意产业联盟链网络中的节点 A_t 要离开联盟链网络时，需要删除其拥有的信息资源并重新构造主密钥。首先，A_t 广播一则要离开网络的消息给联盟链上其余所有节点，则其余所有节点 A_i 都可计算 N-1 个主密钥为：

$$S = \sum_{i=1, i\neq t}^{N} a_{i0}(\bmod q)$$

（2）形成可靠联盟契约

虽然成立数字创意产业联盟可以给企业提供共赢的机会，但同样也将带来各类风险问题。根据诸多因素的斟酌考虑挑选出契合度良好的同盟企业后，重中之重需要做的是企业主体协商一致后制定出本联盟内的联盟契约协议，需涵盖各主体的义务及权利，并包含各项利益分配条款、违约条款。数字创意产业联盟内的商议制定公认的契约协议将有利于企业间形成相对更可靠的合作关系，更好的维系联盟内各同盟企业主体的利益及合作关系，可以减少企业主体间的矛盾和争执行为的发生，使得数字创意产业联盟能更稳定且迅速地发展壮大。其中，在契约协议中制定约束各企业主体的义务及权利的相关条款尤为关键，因此需要清晰定义各企业主体在信息共享过程中提供信息及资源的程度，及其各自的责任、联盟合作后的收益分配等。需要注意的是，数字创意产业联盟的契约协议中制定的利益分配及奖励应与各企业主体在合作过程中提供的信息及资源呈正相关，因为如果利益分配及激励体系不公正，则可能造成数字创意产业联盟中利益被损害的企业主体的合作态度变得消沉，使联盟瓦解。"互利共赢，风险同担，平等共处"是数字创意产业联盟走向成功的重要原则，不公平、不清晰的权责利益划分可能使得联盟内产生大量矛盾进而造成商议决策难以统一。为预防该现象的发生，联盟内各企业主体需要达成统一意见后制定联盟条款，需涵盖对联盟企业参与商讨的各管理方的要求及在商议决策时的注意事项等。

联盟顺利进行商讨决议的基本前提是能具备高效且融洽顺利的交流，各企业主体需要在商议中将以后合作中也许碰到的矛盾或问题通过洽谈的形式分别罗列，并商议出约束条款和解决方式。数字创意产业联盟内制定的契约协议除了需要涵盖本联盟的目标及任务外，更需要清晰地将联盟内的激励机制、利益分配体系及联盟瓦解事宜等内容进行规定。由此可以看出联盟制定的契约协议时需要重点注意的是：

1）联盟内企业信息对其他同盟的公开透明；

2）数字创意产业联盟企业主体间沟通与交流的顺利融洽及高效；

3）应重点提高联盟内管理层和技术层的合作效率及质量。此外，数字创意产业联盟内有科学的利益分配及同担风险的制度是信息共享顺利展开的基础。最后，还需要考虑数字创意产业联盟可能产生瓦解的情况，因此在契约协议中需要针对可能造成该现象的因素制定约束条款以防止发生，比如企业以非常规方式脱离联盟造成其他企业受损。

（3）制定联盟共同的目标

以产业中观角度来分析，改进和创新是数字创意产业联盟在市场内迅速发展的核心要素，包括内容创新、产品创新、服务创新及技术创新四个大板块，因此需要联盟内各企业主体的互补及异质才能使联盟内呈现信息及资源的交叉，使联盟将各类资源形成集合为创新开拓提供支撑。联盟内企业主体通过对信息共享的意义和价值的研究和了解，可以有力推进联盟信息资源的进一步整合与挖掘。因此，基于数字创意产业联盟成员对信息需求的互补和对效益最大化的一致追求，联盟内制定共同的发展目标可以很大程度上增强各企业主体进行信息共享的积极性，发挥主体主动性，从而进一步促进数字创意产业联盟共同目标的顺利实现。

6.3 联盟链共识机制设计

1.数字创意产业联盟链信息共享方案模型

基于联盟链的数字创意产业信息数据共享交互模型中，并没有包含第三方机构或企业的参与，使中心化的信任危机得到很好的改善，并且联盟链采用透明公开的方法记账，可以保障信息归属方与信息访问请求方之间的交互状态可信且灵活。为方便数据管理，将信息提供者划分为数据源和信息归属方这两个角色，表6-1是模型重要因素。

信息数据共享交互模型重要因素　　　　　　　　　　表6-1

重要因素	说明
数据源	指具备管理和存储信息库，并能提供访问共享的数据库管理系统
信息归属方	指数字创意产业联盟链内具备共享的信息所有权的企业主体
信息访问请求方	指数字创意产业联盟链内有信息访问请求的企业主体

基于联盟链的信息共享方案详细阐述见如下步骤，信息共享方案模型见图6-17。

1）联盟链的数据源内，各数字创意企业上传的初始信息数据被处理后形成信息RT。RT信息由多种内容构成，如信息的关键词内容，信息归属方的公钥地址，完备信息的访问路径（比如DAP、URL、URI或其余访问路径）。

2）信息归属方在数字创意产业联盟链上发布RT信息后，会以Data的模式在链内储存。此外，相关信息ST是以信息关键词，信息归属方公钥地址，以及相应信息访问的hash值共同构成的，该信息可以用来初步搜索查询，且被储存于分布式哈希表内。

3）信息访问请求方需利用table表来搜索查看目标访问信息，随后可以获得信息归属方的公钥地址。

4）后续信息访问请求方可以按照第三步里得到的公钥地址，在联盟链系统上提出申请QT（由信息归属方的地址，以及待交互的信息hash值组成）。

5）信息访问请求方需要经AuthoList进行身份属性检查之后，才能获取Data信息。

6）信息访问请求方解析Data信息后，可以得到访问路径地址信息，进而可以进行信息访问共享的下一步操作。

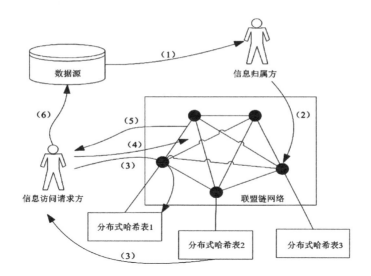

图6-17　基于联盟链的数字创意产业联盟信息共享模型

为更好地阐述联盟链内信息共享的交互过程，并使说明更加规范化，因此对相关定义的符号进行规定（表6-2）。

数据符号定义　　　　　　　　　　　　　　　　　表6-2

符号	定义
RT	将最初信息数据整理加工后获得的相关信息数据
QT	由信息访问请求方发出的访问请求相关信息
name	信息归属方创建并上传的共享信息的关键词信息
DAP	上传的完整待共享信息的访问地址
owner	链联盟内信息归属方公开的公钥地址

符号	定义
H { }	通过哈希算法加工
sign {M, X}	通过X的私钥在M信息上签名，表明是由X发送的消息
{M} X	通过X的公钥在M信息上加密，同时对X发出该消息
{M}- X	通过X的私钥对信息M展开解析
Table { }	搜寻数据库表table信息
AuthoList {X}	验证X的身份信息
ski	i的私钥
pki	i的公钥
O	联盟链内的信息归属方
D	数据源信息库
R	联盟链内信息访问请求方的身份及属性信息
$X_i \rightarrow X_j$: M	由i对j发出的信息M
X: S{ }	X展开S{ }的整理加工
M={M1 ｜ M2 ｜ ... Mn}	M是由M1、M2... Mn之中的一类或多类构成

根据上述表格中的术语及对应符号，构建基于数字创意产业联盟链并结合非对称加密技术的信息共享模型，见表6-3。

数字创意产业信息数据共享交互建模表 表6-3

//数据源的原始数据进行处理

（1）$D \rightarrow O: \{RT\}$

$RT = \{name，DAP，owner\}$ $\qquad\qquad\qquad$ $DAP=\{URL|URI|FTP|OtherDataLocation\}$

//信息归属方上传信息数据

（2）$O \rightarrow *: Data=sign\{\{name，hash\{DAP\}，owner，timestep\}，ske\}$

//信息访问请求方检索查找目标信息数据

（3）$R: table\{name，hash\{DAP\}，owner\}$

//信息访问请求方发出信息访问申请

（4）$R \rightarrow *: QT\{hash\{DAP\}，owner\}$

//信息访问请求方得到访问权限

（5）$* \rightarrow R\{AuthoList\{R\}，name，\{hash\{DAP\}\}pkR\}$

//信息访问请求方使用访问权限，访问信息数据源

（6）$R: \{hash\{DAP\}\}-skR$

2.数字创意产业联盟链共识机制性能指标

数字创意产业联盟区块链内选取的共识机制的各类性质会对系统内整体性能带来不同程度的影响，通过对共识机制的各类不同性质进行综合考虑，从以下四种维度对链内共识机制的整体性能进行评价：

（1）安全性

指能否对二次支付等攻击进行提前避免，以及其自身容错能力是否优良。联盟链系统中主要以链内金融交易为驱动，因此在该链内实现共识一致的过程中，最基础最核心的问题是联盟链内部的安全问题，其中怎样防范和监测二次支付活动是最为重要的问题之一。除此之外，链内将通过Eclipse攻击控制与目标对象之间的网络通信，并建立网络分区，以限制交易传输。

（2）扩展性

扩展性指的是能否辅助链内网络节点的扩充。该维度标也是数字创意产业联盟链系统中需要考虑的其中一个关键因素。按照目标对象的不同，扩展性的性能评判可以划分成两个部分：交易待确认数量的上升和联盟链内成员数量的上升。当待确认交易数量及系统成员数量上升后，联盟链系统内的通信量及负载会随之改变，而这时扩展性可以通过系统内的网络吞吐量进行衡量判断。

（3）性能效率

该性能指的是从数字创意产业联盟链内的交易主体达成共识后在链内记录至系统内最终确认，整个过程的时间延迟情况，也能等同于联盟链系统内每秒钟能处理得当交易量。联盟链平台与传统的第三方交易平台有所不同，由于前者是通过共识机制使得链内各节点达成共识，因此对于共识机制的研究中性能效率相关问题始终是重点。

（4）资源消耗

该性能指标指的是联盟链内各节点达成一致共识的过程中，链内系统需要消耗的算力及资源多少，其中涵盖内存、CPU等。数字创意产业联盟链内的共识机制通过通信资源或计算资源使节点间能达成共识。例如比特币系统中，要花费很多计算资源通过挖矿提供信任证明使得基于工作量证明机制的共识得以实现。

由共识机制的四个维度评价可以建立四个评价指标，进一步用数据对评价进行细化：

（1）延迟情况（Delay Time：DT）：该指标指的是从数字创意产业联盟链内发生交易业务开始，直到共识验证确认后形成新区块的整个过程时间延迟数据，具体计算见下式[99]。

$$DT = T_p - T_g \qquad (6-1)$$

上式（6-1）中通过T_p和T_g代指交易业务过程中涉及的打包成新区块的时长

与交易所需时长。

（2）吞吐量（Throughput）：该指标指的是数字创意产业联盟链内每秒能进行的交易量。具体计算见下式。

$$Throughput = N_p / \Delta t \qquad (6-2)$$

上式（6-2）内涉及的 N_p 和 Δt 分别指的是打包新区块的过程中包含的交易业务信息总数与区块打包消耗的时间。

（3）容错性（Fault tolerance ratio：FTR）：该指标表示的是基于联盟链系统内网络常规运行环境时，联盟链内能承受错误节点的最大数量，具体计算见下式。

$$FTR = N_f / N_c \qquad (6-3)$$

上式（6-3）内涉及的 N_c 和 N_f 分别指的是数字创意产业联盟链内的全部节点数量与错误节点个数。在检测共识机制性能的仿真实验中，可以逐渐增大 N_f 的数量，随后查看并分析结果中显示的联盟链内吞吐量与延时情况的不同。

（4）资源消耗（CPU）：在数字创意产业联盟链内各企业节点达成共识的过程中，链内系统需要花费的计算资源包括内存及CPU等的大小。数字创意产业联盟链内的共识机制需基于网络通信资源及计算资源方可实现共识[100]。需消耗很多的计算资源才可使工作量证明机制的共识得以实现，此外还需通过提供信任证明，资源消耗依靠计算平台管理器中联盟链系统对CPU的使用率得以量化数据，计算式如式（6-4）所示。

$$CPU\% = 1 - (CPU_c / CPU_B) \times 100\% \qquad (6-4)$$

上式（6-4）内涉及的 CPU_B 指的是数字创意产业联盟链系统开始使用前，通过 Tick 对 CPU 进行性能测试；而 CPU_c 则指的是该联盟链开始使用后，通过执行空闲任务的情景下测验这时 CPU 的性能。此外需要注意的是，需要定期进行消除 CPU_c 值且重新计算 CPU 性能指标。

3.数字创意产业联盟链共识机制设计

数字创意产业联盟链内各企业主体间的共识机制相当于是一种基于区块链的联盟管理模式，其中通过联盟链内各类节点在信息共享进程中不断进行上传存储、审核检验进而使达成共识一致，过程中由于联盟链的去中心化，因而可以避免第三方参与其中。联盟链内的共识机制可以视为联盟的关键协议之一[101]，共识机制使联盟链内各企业节点本地记账账本的副本得以与主账本信息同步，且以链内共识的方式把认证通过的交易区块写入联盟链内。因此共识机制是数字创意产业联盟链正常运转且安全进行交易的关键。由于P2P网络内所有不受信的节点都能对联盟链提出交易申请，因此为避免出现作恶节点对联盟链系统做出恶意损害的行为，共识机制要持续检验各节点对该联盟链系统发出的交易业务申请，由此共识机制的各项性质将严重影响着联盟链系统的稳定情况、吞吐量、延迟时间等的情况。

联盟链内可以采用的共识机制的种类很多，例如实用拜占庭容错机制（PBFT）、股权证明机制（POS）、委任权益证明机制（DPOS）等。

最早提出的用于区块链的共识机制类型是POW共识机制，它同时也是截止到2021年安全性能最高的一种。但POW共识机制同样也存在无法避免的缺点，比如POW需要花费的算力较大，共识时间太长，效率低等问题。虽然后来基于POW的缺点提出了改进后的POS，可以阻止发生算力浪费的情况，但其中心化的问题也逐渐产生了。2012年里Sunny King发出的区块链相关项目里，将POS和POW进行了综合，得到了部分改进效果[102]。在2013年8月的比特股（Bit Shares）项目中提出了委托权益证明（Delegated Proof of Stake，DPoS）共识机制[103]。该机制采用的是共识代表的形式，这种形式可以使得联盟链内的共识效率得到有效提升，但不足的是其中心化的问题依然没有解决。2013年，斯坦福大学的Diego Ongar等人从Paxos分布式一致协议中改善开拓出了Raft共识机制。这种共识机制可以于无作恶节点的环境中完成共识并且效率较高。

Linux基金会为了更好的促进区块链在各行业领域中的运用，在2015年12月开设了Hyperledger相关区块链项目，而这之中Hyperledger Fabric应用最为广泛[104]。Hyperledger Fabric是高模块化的平台，其系统构架能根据需求进行配置调整，可以根据不同行业领域的特性供给出个性化的共识机制。Hyperledger Fabric是首个可以运用Node.js，Java，Go等多种计算机语言的区块链平台，其可以运用以上语言写入智能合约即链码。除此之外，Hyperledger Fabric还能按照用户端的需求情况对共识机制展开定制式优化。Hyperledger Fabric平台的不同版本均选取了多种类型共识机制，PBFT共识机制就是这之中的一种。Barbara Liskov等人提出的PBFT共识机制，该机制是属于拜占庭容错（Byzantine Fault Tolerance，BFT）共识机制中的一种，PBFT是对BFT进行了拓展，大幅提高效率[105]。此外，PBFT拥有BFT共识机制原本的优点如吞吐量较高、成本相对较低等，但PBFT有扩展性的问题。

本书提出的数字创意产业联盟链系统中，底层联盟区块链平台采用的是Hyperledger Fabric。PBFT共识是根据BFT共识机制存在的问题中优化提出的，前者的容错性较好，即使在有一些作较差节点的环境中也可以保障系统运行正常，但不足的是该共识机制无法完成节点增添的动态管理。由此看出，在数字创意产业联盟链系统中不能仅仅采用PBFT机制。但经过研究统计发现，DPOS共识机制中使用的是投票的方式挑选代表节点，这种方法与数字创意产业信息共享联盟链环境有极高适配度，但不足的是仅采用DPOS机制的话无法具备查询信息及记录数据的能力。因而，本书将PBFT和DPOS进行结合，选择使用这种与数字创意产业联盟链信息共享的需求相吻合的混合共识机制，以此对联盟信息共享过程的安全提供保障，并且大幅提升信息共享效率。

结合企业信用评级等级情况及DPOS投票机制，把数字创意产业联盟链内各企业主体节点划分成两种等级分别为：Level1即一级节点（L_1）及Level2即二级节点（L_2）。其中L_1为代表节点候选群构成，这群节点将交替完成各类信息的上链写入、储存及加密工作，此外还需利用其拥有的私钥写入信息并传至Order块中，从而使区块的签署有效并具备可检验性。通过采用PBFT共识机制可以保障即使L_1中的正在操作的节点产生问题，系统也能照常运转。而L_2则是验证节点形成的集合，主要在数字创意产业联盟链网络中需完成共识验证的工作，也就是需要对区块签署的有效情况及合法情况进行验证。

系统内将周期性的对数字创意产业联盟链内的L_1及L_2集合群的信用情况进行打分后排名，联盟内企业节点为了保持自身在社会中行业内的良好的声誉及影响力，因而一般会选择积极主动的参与到共识和验证的工作中。若L_1中的某个代表节点的信用排名比L_2集合中的某个节点更低，则L_2中该相对良好的节点可以升到L_1集合中，而L_1中的评分更低的企业节点将下降到L_2集合中。

本书将模型中涉及混合共识机制的相关符号描述设置如表6-4所示。

混合共识机制的符号描述　　　　　　　　　　　　　　　表6-4

符号	描述
N_1、N_2	参与共识的节点总数分别为L_1和L_2
f	L_1节点集合中可以容纳的错误节点最大值
R、O	当前L_1集合中代表节点、集合中其他节点
V	L_2节点集合中的验证节点

符号	描述
H	当前区块的高度
Δt	共识过程的时间间隔

为保证混合共识机制的正常运行需保证等式（6-5）、（6-6）及（6-7）成立：

$$N \geqslant 3f+1 \tag{6-5}$$

$$N_1 = \left\lceil \frac{5}{3}f \right\rceil （表示向下取整） \tag{6-6}$$

$$N_2 = \left\lceil 2f \right\rceil （表示向下取整） \tag{6-7}$$

在联盟链内节点提出信息上传申请或者其他链内交易业务申请时，经过Δt时间后，由R节点将提出共识请求。随后R会梳理该段Δt时间里的全部业务情况并打包成一个新区块。而后数字创意产业联盟链内会广播这个区块的内容，后续由L_2集合群内的验证节点对该区块中的信息数据展开合法有效性质的确认工作，如果确认完成，则由R对验证签名的信息数据进行整理和检验。最终经过一系列的验证工作后新区块才能正式入联盟链内，紧接着下一次的共识工作会依次开展。

根据上面的共识流程，提出将ECDSA数字签名算法用到DPOS+PBFT混合共识机制的设计当中，详细做法如下：

第一步，初始化。

通过ECDSA数字签名算法形成公私钥，并且成对的公私钥分别与一个全局参数组$=(q, FR, a, b, G, n, h)$相匹配。这个全局参数组内q表示有限域大小程度，如果基于有限域F_q，则$q=p$，为奇素数。如果是基于F_{2m}，则$q=2^m$，FR是F_q中的一个元素；$a, b \in F_q$，用于定义曲线方程$G=(x_G, y_G)$；$x_G, y_G \in F_q$，$G \in E(F_q)$；n为G的阶，且n为素数；$h=E(F_q)/n$。为形成并获取节点对应的公钥及私钥，需进行如下步骤：

①选取随机数d；$d \in [1, n-1]$；

②计算Q，$Q=dGG$；

③获得对应公钥Q，私钥d。

第二步，在R接收了用户端发出的信息数据上传申请后，需要马上验证该信息是否合法。如果合法的话就对该信息进行签名，随后记录至Order块。每当Order块的数量满10个后，R节点需要按照储存信息数据的Merkle树对最终的Merkle根哈希值进行计算，而后则需将其写入新区块打包；若信息为不合法的则直接丢掉。

第三步，经过Δt时间后，R会对L_1节点集合群内除R以外所有其他节点O_j提出进行共识的消息申请I_R，且I_R=（$pre-prepareconsensus$, b, $Order$, S）。其中，b是负责在联盟链内进行传播的区块信息，$Order$=（H（$Digest$（$data$）），Q_i, $Time$）是由用户i的公钥Q_i、共享信息的摘要和属性的Hash值，以及时间戳Time形成，而S则是代表节点对共识申请进行的签名，签名过程如下：

①代表节点R将会在其他节点O_j中挑选一个随机数k，而$k \in [1, n-1]$，并计算等式（6-8）：

$$k_G = (x_1, y_1), \quad r = x_1 \bmod n \tag{6-8}$$

②若$r=0$，回到"（1）"；

③计算$S=k^{-1}$（$SHA1$（I_R）+dr）$\bmod n$，输出代表节点R对消息I_R的签名S=（r, s）。

第四步，在其余节点在联盟链内开始广播区块或交易之前，C节点就应该先验证节点R及I_R签名S的合法及有效情况，验证过程如下所示：

$$\omega = S^{-1} \bmod n \tag{6-9}$$

$$u_1 = SHA1(I_R)\omega \bmod n \tag{6-10}$$

$$u_2 = r\omega \bmod n \tag{6-11}$$

$$X = u_1 G + u_2 Q \tag{6-12}$$

判断X=（x_1, y_1）等式是否成立，若成立则下一步计算等式6-13，不成立则签名视为无效。

$$v = x_1 \bmod n \tag{6-13}$$

判断$v=r$是否成立，若成立则认为签名是有效的，若不成立则签名视为无效。

第五步，当I_R签名通过检查确认无误后，L_2节点集合群内其余的验证节点O_i将会传输确认消息I_{Oi}至节点R，其中I_{Oi}=（$CommitConsensus$, b_i, S_{Oi}），$i \in \{0, 1, 2 \cdots, N_1-1\}$，$I_{Oi}$消息中涉及的$b_i$表示的是验证节点$O_i$传输的新区块信息，而

S_{Oi}则指的是验证节点O_i对I_{Oi}的签名，具体计算过程详见下列步骤：

①验证节点O_i挑选随机数k_i，$k_i \in [1, n-1]$，并计算等式（6-14）：

$$k_iG=(x_j, y_j), r_i=x_j \bmod n \qquad (6-14)$$

②若$r_i=0$，回到"（1）"；

③计算$S_{Oi}=k_i^{-1}(SHA1(I_{Oi})+dO_ir_i)\bmod n$，输出代表节点$O_i$对消息$I_{Oi}$的签名$S_{Oi}=(r_i, S_{Oi})$。

第六步，当R收到来自其$2r+1$个不同节点发出的共识消息的验证确定后，将会把检验消息传送给验证节点C，为了缩短共识完成的时间，将S_{Oi}的签名消息进行整合形成一个签名消息S_O集合，$S_O = \sum_{I=0}^{N_1-1} S_{Oi}$，进而完成缩短检验时间的目的，进一步促使提升完成共识的效率。

第七步，验证节点检查确认S_O的有效性，具体过程如下步骤：

①输入系统参数$D=(q, FR, a, b, G, n, h)$，其他节点Q_i的身份列表$G_O=\{G_{O0}, G_{O1}, \cdots, G_{ON_{i-1}}\}$和公钥列表$Q_O=\{Q_{O0}, Q_{O1}, \cdots, Q_{ON_{i-1}}\}$，签名列表$S_O=\{S_{O0}, S_{O1}, \cdots, S_{ON_{i-1}}\}$。

②计算过程如下：

$$k_iG_{Oi}=(x_j, y_j) \qquad (6-15)$$

$$r_i=x_j \bmod n \qquad (6-16)$$

$$S_{Oi}=k_i^{-1}(SHA1(I_{Oi})+d_{Oi}r_i)\bmod n \qquad (6-17)$$

③验证$S_O = \sum_{I=0}^{N_1-1}(r_i, S_{Oi})$是否成立，若成立，签名有效，否则签名无效。

第八步，若验证通过，那么就视为R节点和该区块共识成功，而且已经形成一致意见，进而转为通过状态，随后要把已经确认通过的交易信息打包形成新的区块，并将其转变成无法改变的固定区块，至此该阶段的共识视为完成。R节点把本地内存账本副本中的Order块删除后，当本段时间段已结束并将要进入到下一个Δt时间段时，若还没形成共识一致，则视为放弃这次的共识并删除本轮打包完成的区块。系统重新计算$R=(H+c)\bmod N_1$，而代表节点R将会开启一次新的共识。

6.4 联盟链信息共享程度影响因素

1.主体节点间内部因素

在数字创意联盟中，各联盟成员主体间的内部关系是联盟链内信息共享程度的重要影响因素。其中内部因素可以分为企业间信任关系、联盟主体的契合性、信息共享的主动性等。

（1）数字创意产业联盟企业间信任关系

一个企业自身的信息数据对于其运转过程中任一环节都重要，数字创意相关产业也不例外，在联盟链内企业间开展信息共享的重要前提条件是创建信任关系，若彼此缺少信任，则企业主体为了降低运营风险，所有企业均不可能莽撞地做出和其他企业进行信息共享的决策。数字创意产业联盟链的同盟企业主体间的合作关系有一定程度的风险存在，因此当企业彼此间无法统一合作意图并没有形成一定的合作稳定程度时，联盟内均无法开展信息共享的合作工作。首先，数字创意产业联盟中企业主体之间能获取共同利益，是该联盟信息共享合作关系可以继续稳步发展的基本条件。此外，同盟企业之间信任情况对联盟内的合作关系的持续与否产生至关重要的影响[106][107]。数字创意产业联盟链内各企业节点间良好的信任关系是进行信息共享的基本前提之一，信任关系的建立需基于各主体自身的信用情况，信用值可信度越高，建立的信任关系越稳定，联盟合作关系就越长久，使得联盟链内形成信息共享合作的良性循环。

Paulraj从研究的200家美国企业间合作关系的相关因素中，分析发现了长期合作关系的建立会对信息共享机制的建立和实施产生巨大影响[108]。吴岩经过研究发现如果合作的企业间没有信任，那么当进行信息共享的时候就极有可能发生其中一个企业不诚信的情况，例如可能会掩盖部分信息数据，这就直接导致合作关系内的信息共享程度及水平无法达到需求。除此之外，不诚信的企业共享的一些确切的信息数据也因此将遭受怀疑和猜测，这就会造成对确切信息的理解产生误差，使得联盟的信息共享质量无法达到预期[109]。由此可见，合作企业间信息共享水平程度与主体间信任关系息息相关，在数字创意产业联盟链中同样如此，联盟链内企业主体的信用情况是值得关注的方面。

　　针对数字创意产业联盟链内各企业主体可信度的评定，提出一种信誉评分标准，通过该标准对联盟链内各节点的可信程度进行衡量并进行量化。该分值的大小可以一定程度上展示企业节点的可靠情况。显而易见的，分值更大的企业节点会相对更可信。评分体系中涉及的影响评分的因素有如下5个：

　　1）联盟企业节点背书情况

　　Member（联盟企业节点）将利用系统内的背书函数Score Manager在记账节点处完成背书，如果该节点参与的交易业务已打包成区块，则背书函数可以找到这些区块查验信息，待确认后背书函数可以自行得出背书结果并执行相关决策，完成背书的企业节点会根据背书情况增加对应分值的信誉评分。

　　2）已参与的交易的重要程度

　　在搭建数字创意产业联盟链的企业间信息共享网络架构时，值得注意的是，联盟内各企业节点间的交易应当类似于有方向的联络线。本书采用PageRank算法[110]来测评估量各联络线上产生的交易的重要程度。比如某个企业节点与较多其他企业节点之间均存在交易，那么就表示这个企业节点较为重要，则信誉评分会相对较高。此外一个企业节点在选择交易对象时，如果能和评分高的企业节点进行交易，则也会使得自身评分适度增加。节点交易重要性程度越高，那么这个节点该部分分值也就越高，两者成正相关关系。

　　3）节点间相互打分

　　任意节点间结束一个交易后，交易关系内节点间按照过程中的表现情况相互打分。随后把打分结果传送至Score Manager，以便后续计入节点信誉总分中。

　　4）节点在共识中的表现

　　在整个共识验证过程内，所有节点的参与程度及表现情况也会影响信誉评分。如果节点在共识过程中积极的按照实际情况查验并打包信息区块，那么就能得到相对应的分数予以奖励；如果节点不积极参与或者产生作恶行为等，那么就会扣除对应分值予以处罚。

　　5）节点交纳的保证金数额

　　该范围内的分值由节点注册上联盟链时提供的保证金数额而定，显而易见的，数额高则该部分的分值相对就更高。

　　假设每一部分评分为$\{x_1, x_2, \cdots\cdots, x_5\}$，其加权系数为$\{\alpha_1, \alpha_2, \cdots\cdots, \alpha_5\}$则总评分为：

$$X = \sum_{i=1}^{5} \alpha_i x_i \qquad (6\text{-}18)$$

其中 $x_i \in [0，100]$，$\alpha_i \in [0，1]$，$\sum_{i=1}^{5} \alpha_i = 1$。多维信用评分反映了节点的可信度并且通过使用信用评分影响共识的投票和选举过程，提高系统的安全性。

联盟节点背书情况、交易重要性、节点评分等五大方面因素通过影响企业主体可靠性与信用值，进而影响联盟链内合作节点间能进行信息共享的程度。

（2）数字创意产业联盟主体的契合性

数字创意产业联盟内各企业主体虽然可以在信息共享之后得到部分营收，但是总的来说信息共享并非只是个浅易的信息数据交换行为，而是要展开一系列运行、协调及维护操作予以支撑的，因此各企业主体必须克服诸多困难，譬如双方信息整理规范差异化、彼此对信息共享程度目标的差异等，并且还需要各企业耗费时间及精力，即信息共享在获得收益前是需要付出成本。信息归属方需要付出的成本主要包括：洽谈成本、机会成本与传送成本。其中洽谈成本也就是沟通成本，主要表示信息归属方为使信息访问请求方更便于接收和处理己方共享的信息而消耗的成本。而传送成本指的是在现代化高速发展的时代里，信息归属方为使数字创意产业相关信息转化成更易传输的形式而消耗的成本。而机会成本则代表的是因为数字创意产业联盟内各企业做出对其他各方共享己方部分信息而导致自己可能失去部分相关发展优势的收益损失。

针对数字创意产业联盟链成员间的信息共享成本，极大程度上受各企业间目标一致性情况；企业间文化及创意的相似相容程度；及企业信息数据和各类资源的互补情况的影响。在数字创意产业联盟链上各企业间进行合作过程中，当各联盟企业遇到困难和决策时具有相似的看法，那么代表该联盟的同盟企业在交流沟通中比较顺利能够相互理解，在朝着运营目标努力的基础上商讨决策，能够加强彼此的信任关系，促使信息共享更顺利进行，相似相容的企业文化可以很大程度上减少矛盾，推动数字创意产业联盟企业间更深入进行沟通交流，大大降低沟通成本。此外，联盟内的发展目标越一致，就越能更迅速开展人力、物力及其他资源的调配工作，并且可以通过信息共享更好的解决数字创意产业联盟对外发展中出现的问题。联盟内拥有的信息及资源互补程度越高，则联盟企业之间合作的程度越深，可以更有利于优化联盟内的信息共享水平。

联盟内企业主体间的文化及创意的相似相容程度如何会对联盟内部合作程度产生很大影响。而且如果是在各企业主体的目标已经达成一致的前提下开展合作联盟的话，各企业的文化及创意间的差异对合作程度的影响将越发明显。因为数字创意产业联盟链上的相关企业一般拥有相互不同的企业背景，如果联盟企业之间文化差异太大可能会在合作过程中造成交涉不顺利、信息共享艰难、在决策中有较大观点上的不同等问题，甚至可能在信息共享进程中发生矛盾进而产生逆反或抵触行为，造成联盟发展无法达到预期。如果联盟内同盟企业间文化交互均有着很高的相容性，那则可以使合作企业间更好的达成共识和统一意见。如果数字创意产业联盟内企业主体间能达成一致想法形成统一目标，增强各企业潜在的合作意愿和履约意愿，有利于巩固同盟企业间的信任关系并促进联盟信息共享的实现。因此拥有类似的企业文化和平等的权益能很大程度上促进数字创意产业联盟内的合作与共享。

（3）信息共享的主动性

在数字创意产业信息共享的全过程中，各主体企业能否积极主动参与其中，与其他联盟企业共享信息，深刻影响着信息共享的程度进而影响联盟内总体效益。现阶段数字创意产业市场整体趋势呈现定制化、个性化、柔性化等特点，为满足市场需求变化现状，数字创意产业联盟内所有主体必须深刻意识到"一意多用"联盟内信息共享联动开发创新的重要性，联盟企业需共同对信息的价值进行深度挖掘，使之最大化。信息价值最大化的根本前提是，参与主体的主动性，这里的共享主体的主动性包括共享行为主动及提供的信息正确有效。信息共享是一个相互的过程，联盟内各企业主体既是信息提供主体同样也是信息的吸收主体，联盟内企业主体积极主动参与联盟链内信息上传与共享，同时保证提供的信息的真实有效性，可以加强各企业主体对联盟的信任和依赖，促使数字创意产业联盟内信息共享形成良性循环。

2.客体外部因素

（1）数字创意产业内外环境

联盟链内数字创意相关产业所面临的内外环境也是企业主体影响信息共享程度的重要因素。其一为数字创意产业发展进程中所面临的外部市场大环境，包括法律法规保护、政府政策支持、行业市场规划等；其二为数字创意产业联盟链中内部制定的相关合约及制度规定，如信息共享标准、监督制度、激励机制等。

数字创意产业是一种新兴融合性极强的产业业态，其与传统文化产业不同，不需要依靠实体产业为介质才能进行内容创造，并且该产业通过现在技术和文化产业融合后还产生了新形态的经济模式。从 2016 年"数字创意产业"概念被提出以来，从中央到地方，政策红利频出，数字创意相关市场繁荣发展。数字创意产业高速发展必须以政策文件为重要导向，如国家发展改革委、科技部、工信部、财政部发布一系列推动数字创意产业发展的相关文件，大力支持数字创意产业和教育文化、制造业、旅游娱乐等多维度不同行业联合创新发展，进而建成一批文化为核心的产业集群，激发市场消费活力，促使文化及科技融合发展，并且建立包含多领域多行业的融合创新发展机制。并从加强文化共性关键技术研发、加强文化大数据体系建设、促进内容生产和媒体传播手段的现代化等八个方面提出文化和科技深度融合的重点任务。

政府相关部门制定的系列文件对数字创意相关企业起到强心剂的作用，并鼓励相关各企业形成以创意内容为核心的深度融合产业集群，为数字创意相关产业形成联盟链提供了方向性的指导。良好有利的政治环境、经济环境及法律环境下，更强有力的加大"一意多用"的数字创意产业联盟链内各联盟成员进行信息共享的意愿强度，促使相关产业企业主体建立联盟链合作共赢关系。

数字创意产业联盟内共同营造的内部环境同样对信息共享的实现情况产生极大影响。联盟内进行良性信息共享的基本前提是已形成完善的信息共享策略、统一的共享标准、完备的共享激励机制等。联盟内部建立联盟协议时一致制定的联盟内部管理制度的公平合理程度同样会影响信息共享执行情况。由于联盟链中各企业的角色不同，围绕着利益分配、合作信息共享贡献激励与处罚、争议仲裁解决等平衡设置更为重要。从经济学的角度出发，进行信息共享的本质意义在于完成信息的归属转变，从某个企业私有变为联盟内共同所有，因此信息共享整个过程中涉及的共享标准、奖惩问题等的机制需由联盟内所有企业主体共同协议商定，并形成统一完善的结果，有利于联盟内成员间更紧密的合作共享。

（2）法律法规保护体系

互联网飞速发展使数字创意产业对信息的管理面临更大的挑战，数字创意产业联盟信息共享需以联盟协议与法律监管为根本保障方可更顺利进行。由于信息资源的价值难以估量，因此各企业非常注重内部信息对外的保密性。数字创意产业联盟内通过协同共享信息合作共赢，可以提升各企业整体效益，增强其在行业内的竞争力，但企业自愿将己方信息共享至联盟的基本前提是，能保障信息的安全，不被对外泄露。对此，在法律监管层面主要是需要国家规范立法对信息共享方面的内容更有针对性更全面完善，而联盟内也需形成有约束力度的惩罚制度，从内外两方面同时控制，方可有望清扫信息共享最基本的障碍。

（3）技术因素

数字创意产业由于产业自身特点所致，其发展与信息化、数字化、网络化紧密相连，产业内联盟伙伴的合作过程中同样离不开信息基础设施建设的推进，各企业内信息化技术水平，软硬件配置情况均会影响联盟内合作程度与推进深度。技术因素同样是影响数字创意产业联盟内信息共享程度的重要外部客体因素之一。

信息共享的全过程，包括信息数据上传储存、信息处理、信息传递共享、信息应用四个大板块，整个过程中需保证信息平台的安全性、兼容性、保密性，因此与信息共享平台的搭建情况息息相关。如基于联盟链进行信息共享，需以区块链技术为底层基础技术，区块链技术水平极大程度上直接影响信息共享质量。信息上传储存阶段，平台需具备多种形式多种类型的信息上传及存储方式，此外平台内需能支持同链不同节点同时登录处理交易信息，以及不同链进行跨链协同的功能。信息处理阶段则需尽可能提高共享节点间共识效率、缩短交易处理时间，并需解决链内处理大量交易时区块链内效率急速下降等问题。在信息传输阶段，除了涉及时间成本问题外，更重要的是需保证信息安全性。区块链内的加密算法与标准需根据技术发展实时跟进，防止链内已上传信息被攻击泄露或被篡改，建立更加可靠的可信安全的信息共享环境。信息运用阶段，则需结合数字创意产业市场趋势及企业发展需求，增大区块链的可扩展性，提升整体性能，不断完善以适用不同应用场景搭建。

信息共享平台除了在保障信息安全方面会直接影响数字创意产业联盟内企业成员的共享意愿外，其交易处理的节点容量、所需时间等使用性能情况，将通过影响运作效率、共享成本等间接作用于联盟内信息共享程度。数字创意产业联盟链内信息共享效率越高、成本越低、信息共享越顺畅联盟企业成员的主动性越高，信息共享程度越深，越有利于发掘产业信息的商业价值。

本章小结

本部分提出的基于联盟区块链构建的数字创意产业信息共享方案模型，可以为联盟内企业主体间信息共享过程中在信用、可追溯、安全、隐私方面提供保障。信息共享方案模型主要涉及信息访问请求方、信息归属方、数字创意产业联盟节点群、联盟链网络、监管方这五个组成要素。数字创意产业联盟信息共享主要围绕信息归属方与信息访问请求方进行，监管方独立于数字创意产业联盟外，可以随时对各联盟进行交易信息、企业信息的审查。从节点上链到主体节点间共识机制再到节点新增和退出多方面，详细展开信息共享方案模型的设计与构建。

第 7 章

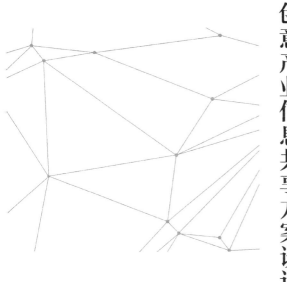

基于密文策略属性基加密技术的数字
创意产业信息共享方案设计

作为一项能够实现信息数据的细粒度访问控制策略的安全控制方案，密文策略属性基加密技术（CP-ABE）在针对访问控制的各项研究中备受青睐。对访问信息数据的细粒度控制可以体现为：在正式实现信息数据的共享之前，信息归属方可以根据与信息请求方相匹配的身份属性集合有针对性地制定访问控制策略，并利用该访问控制策略对信息数据进行加密。访问者能否成功解密得到密文，取决于其属性集合是否都符合访问控制策略。由此可见，密文策略属性基加密技术（CP-ABE）中访问控制的权限依赖于用户属性与访问控制策略之间的匹配关系，忽略了其他一些重要的因素，例如访问时间约束。数字创意产业作为现代信息技术与文化创意产业融合产生的新兴产业，涉及数据种类丰富，信息量庞大，这就要求信息归属方具备强大的算力以保证数据访问的高效性。系统设备的配置、部署、管理和费用等问题增大了数据所有企业的成本开销。

为了解决这些问题，其解决思路是：使用对称加密并生成哈希值后的数据储存在云服务器上，将数据在云端的储存位置、主要数据内容和加密密钥简化形成元数据储存在区块链上，信息归属方只需储存元数据在本地即可。此外，在实际使用过程中访问控制策略不仅需考虑角色属性限制，同时还包括访问时间和访问空间等约束，这就增加了密文策略属性基加密技术实现访问控制策略设定的复杂性。本次研究引入智能合约技术实现访问权限的预筛选，由此减轻访问控制策略的验证压力。特此说明：为了提高解密效率，这里对于储存在云端的数据使用对称加密的方法进行数据加密，使用密文策略属性基加密技术中的非对称加密对储存在本地及联盟链上的元数据进行加密。

具体的访问控制思路为：首先实行信息共享的企业之间达成共识后形成智能合约，约定数据的共享策略，包括访问时间、访问地点等权限范围，并将智能合约嵌入联盟链中；在访问过程中，步骤一，智能合约会自动判定访问者是否满足访问条件，若满足则接受该访问请求，否则作为无效请求丢弃；步骤二，访问者以自身的属性私钥 U_{SK} 和密文 CT 作为输入，若 U_{SK} 中的数据符合访问控制策略 Γ，则解密得到密文 CT 对应的明文 M，即元数据，否则解密失败；步骤三，访问者从元数据中获得数据在云端的储存位置、解密密钥等信息，从云端解密获得数据。这种方案极大程度上降低了信息归属方对于网络计算力所需的开销，提高了信息共享的效率，使得数字创意产业的信息共享方案更具有可行性和高效性。

7.1 相关准备工作

1. 素数阶双线性群

素数阶双线性群可以描述为：首先令 G 为双线性群的生成算法，λ 为双线性群的安全参数，通过输入该安全参数，从而输出参数 (p, G_0, G_1, e)。其中 p 为大素数，G_0 和 G_1 为 2 个 p 阶的乘法循环群，g 分别是 G_0 的生成元，双线性映射 e：$G_0 \times G_0 \to G_1$ 的成立需满足以下三个条件[111]：

1）具备双线性：$\forall m, n \in G_0$，且 $\forall a, b \in Z_p$，等式 $e(m^a, n^b) = e(m, n)^{ab}$ 均能够成立。

2）具备非退化性：即若 g 是乘法循环群 G_0 的生成元，则双线性映射 $e(g, g)$ 的结果就是乘法循环群 G_1 的生成元。

3）具备可计算性：即对于 $\forall m, n \in G_0$，均能够在多项式时间内实现对双线性映射 $e(m, n)$ 的计算。

2. 访问控制策略数

访问控制策略数 Γ 是用于阐述某个访问控制策略的概念。访问控制策略数主要由叶子节点和非叶子节点组成，其中叶子节点主要包括一个属性项以及由该节点的父节点传递到此的一个秘密值；而非叶子节点又称门限节点，其主要由该节点的子节点以及与该节点所表示的一个门限值组成，该类节点的主要作用是验证数据请求方是否满足此门限的最低值，只有当满足该条件时才能解密得到此节点的秘密值。门限分为 or 门和 and 门，前者是指数据请求方只需满足 or 门中的其中一项条件即可，后者则是指数据请求方必须满足 and 门中的所有条件才能得到该节点的秘密值。

访问控制策略数中经常被使用的几种函数为：一是 $parent(x)$ 函数，是用来计算节点x的父节点值的函数；二是$att(x)$函数，是用来计算节点x所对应的属性的函数；三是索引函数$index(x)$，其主要作用是表示节点x在其他同辈节点中的顺序排列位置，这种顺序排列是从左往右进行的，且$index(x) \in [1, num_{parent(x)}]$。

3.拉格朗日插值定理

Shamir秘密分享方案的原理是对密钥进行拆分形成n个独立的秘密份额，将这些秘密份额分给不同的用户，只有当拥有秘密份额的用户数量达到实现设定的解密要求的数量时，才能够成功解密得到密钥，否则不行[112]。

设$f(x)$是一个$d-1$次的多项式，即$f(x)=a+a_1 x+a_2 x^2+\cdots+a_{d-1}x^{d-1}$，已知集合$S$中有多项式$f(x)$上$d$个不同的点$(x_i.f(x_i))$，由此可以通过$f(x)=\sum_{i=1}^{d}f(x_i)\Delta_{i,s(x)}$恢复出秘密值，其中$\Delta_{i,s(x)}=\prod_{j\in s, j\neq i}\dfrac{x-x_i}{x_i-x_j}$。

4.可证明安全性

可证明安全性（provable security）是一种用于证明系统密码体制安全性的方式。其证明步骤可以阐述为：首先是确定该密码体制所要实现的安全目标，接着就需要对"敌手"进行定义并搭建出形式化的敌手模型和与之对应的思维实验，然后借助计算复杂性理论和概率论，将密码算法所面临的攻击转化成已知的数学难题所面对的攻击，即将破解该密码体制的难度等同于解决这个数学难题的难度，从而证明"敌手"要破解这套密码体制是难以实现的，反推说明该套密码体制是安全的[113][114]。以RSA的语义安全性为例，如果某个"敌手"想要攻破这套安全体制，那么他就必须具备分解"大整数"的能力，而"大整数"分解问题一直被公认为是难以实现的，即可以反推出"敌手"成功破解RSA是不可能的。

目前较为常见的密码方案的攻击模型主要包括三种：选择明文攻击（CPA）、选择密文攻击（CCA）和适应性选择密文攻击（CCA2）。

（1）选择明文攻击（CPA）：这种攻击模式的原理是"敌手"通过访问"黑盒"对被告知的不同的明文进行加密得到与之对应的密文（这个"黑盒"只具备加密明文的功能，不能解密密文），从而观察发现该加密算法的一些规律，并从这些规律寻找破解该加密算法的方法。

（2）选择密文攻击（CCA）：与"选择明文攻击"这种攻击模式相反，该模式的原理是"敌手"通过访问"黑盒"对被告知的不同的密文进行解密得到与之对应的明文（该"黑盒"只具备解密密文的功能，不能加密明文），并试图从解密算

法中找到一些能破解它的规律。这种攻击模型要强于CPA攻击模型。

（3）适应性选择密文攻击（CCA2）：作为攻击性较强的攻击模型，这种攻击模式在前两者的基础上，添加了"敌手可以在已被告知的这些密文之外，选择其他的任何密文借助黑盒进行解密"，这就大大增加了"敌手"破解该解密算法的可能性。

实际上，在真实的网络环境中，即便是该密码体制被理论证明其是安全的，仍然会出现一些难以预测的安全风险，因此在设计系统的密码机制时，在保证系统基本安全的前提下，还要就系统所承担的工作对密码机制进行针对性的设计，最大程度上确保系统运作的高效性和安全性。

5. 云储存技术

（1）云储存技术的概念

云储存技术是基于云计算技术衍生而来的全新概念，但与云计算技术不同的是，云储存技术更加偏重对于数据的储存管理，因此其拥有海量的储存空间[115]。云储存技术主要是指将数量规模较大的存储设备相互并行连接而形成的拥有海量数据储存与管理功能，并向用户提供第三方数据托管的一种数据存储技术。根据云储存技术所提供的服务范围和目标用户的不同，可以将其分为以下几种类型：

1）公共云存储：公共云储存是面向所有网络用户的数据储存服务模式，用户必须通过联网才能实现数据的访问与利用，例如百度云网盘、腾讯微云、华为网盘等。公共云储存的原理是借助虚拟网络将位于各地的储存中心并联在一起，从而构成一个庞大的数据储存网络，用户的数据可能会被分散储存在不同的存储设备上，用户需要查阅这些数据时"公共云储存"会通过网络将这些分散的储存汇总并向用户提供。借助这种分散式数据库储存的方式，"公共云储存"能够在满足更多用户储存需求的同时，降低用户数据储存的成本。

2）私有云存储：与公共云储存相反，私有云储存模式具有一定的隐私性，通常只面向组织机构或企业开放。在这种模式下，用户的数据是由组织机构自身掌控的，只有组织机构内部具有访问权限的人才能通过公司内部的网络或软件对数据进行访问。

3）混合云存储：顾名思义，混合云储存是前两者相结合而成的产物，它能根据用户的需求临时对公共云和私有云储存的容量进行个性化配置。借助这种模式，企业或组织机构能够有效应对特定时段下企业的数据访问服务出现突发的负载波动或访问高峰等情况。

（2）云储存技术的特点

1）易扩展性

云储存技术是一种由多台存储设备并列结合所形成的具有海量储存容量的技术，其采用的是并行架构进行存储，与串行架构相比，其具备无上限的扩展能力，存储容量能够随着存储设备的增添而不断地扩展，从而摆脱物理硬盘的约束。

2）负载均衡

云储存是将大规模的存储设备相互并行连接构成一个极为庞大的数据储存空间，这些存储设备内部的数据调用通道彼此相通，从而能够在进行数据储存量分配时充分利用现有的储存空间，实现负载均衡，提升数据储存与管理的效率。

3）便于管理

与传统的储存模式不同的是，云储存能够有效地兼容不同型号和规格的数据存储设备，并将它们的工作效能有效调动起来实现数据储存空间的最大化利用。

4）实现故障自动切换及无缝升级

由于加入云储存系统的存储设备之间是相互关联的，数据能够借助通道进行转移，因此当单台或部分设备出现故障问题时，云储存中的数据管理系统能够将故障设备中的数据转移至其他设备，从而有效避免由于设备故障对数据访问所带来的不便。

7.2 数字创意产业信息共享安全需求性分析

1.现实性需求分析

信息化时代"数据"以其所创造的巨大价值而备受关注，然而对于信息数据的储存和使用过程中的安全性一直是众多学者和行业专家所致力研究的方向。数字创意产业是文化创意产业结合高新科技技术融合形成的新兴产业，其发展高度依赖对于数据的利用，然而庞大的数据如何安全地储存和利用一直是影响产业发展的重要因素，目前主要的解决方法有数字创意产业相关企业自身建立数据储存库，或者利用数据外包服务将数据储存至云储存服务中心。企业自身维持数据储存库所带来的成本过高，而云储存服务中心又不完全可信这两大原因成为制约数

字创意产业信息数据储存和利用的主要问题。

基于密文策略属性基加密技术的访问控制能够有效解决上述问题，将对称加密且生成哈希值的数据上传至云储存服务器，而将数据在云端的储存位置、主要数据内容和加密密钥简化形成元数据储存在区块链上，信息归属方只需储存元数据在本地即可，由此解决了数据储存的安全问题。而数据访问控制思路为：首先通过智能合约技术预筛选访问者的资格，接着通过密文策略属性基加密技术判定访问者的身份属性是否符合访问控制策略，确定访问者是否具有数据访问权限，通过两次访问权限验证保证数据访问过程中的安全性。

2.理论研究需求分析

云储存技术是通过集群应用、网格技术或分布式文件系统等功能，网络中大量各种不同类型的存储设备通过应用软件集合起来协同工作，共同对外提供数据存储和业务访问功能的一个系统。其通过网络在线储存的模式满足企业或个人大容量的数据储存需求，但数据的储存安全和访问安全问题一直备受关注，而密文策略属性基加密技术以其能够实现细粒度的访问控制而成为解决该问题的主流方案。信息归属方可以通过意向访问者的属性集合来设定访问控制策略，并根据该策略加密数据信息，访问者是否具有访问权限取决于其身份属性是否符合访问控制策略，由此实现数据访问过程中的细粒度访问控制。但意向访问者的身份属性是静态的，在设定访问控制策略时难以实现时间约束和空间约束等外界限制，因此如何有效实现访问过程中的时空约束等限制成为亟须解决的重要问题。普遍的方法是将时间和空间等约束条件视作用户属性纳入访问控制策略中，但就时间而言，它是一种动态的约束条件，会随着时间的进行而不断地变化，若要维持数据访问正常运转就需要不断地更新意向访问者的属性私钥，这就加剧了数据共享的成本负担。由此可见，如何实现访问过程中的时空约束等限制条件需要另辟蹊径。

从理论研究的角度，本书引入智能合约技术，利用智能合约自动判定与执行的灵活性和高效性，在各利益相关方共同约定数字创意产业信息共享策略的前提下，通过智能合约首先预筛选，再由密文策略属性基加密技术的访问控制策略验证用户的身份属性以确定访问者是否具有数据访问权限，由此实现基于密文策略属性基加密技术的数字创意产业信息安全共享方案的可行性和高效性。

7.3 系统模型

如图7-1所示为本章提出的基于密文策略属性基加密技术（CP-ABE）的数字创意产业信息共享安全模型，主要包括以下六个实体：密钥生成中心（Key Generation Center，KGC）、云储存器（Cloud Storage，CS）、信息归属方（Data Owner，DO）、用户（User）、监管者（Regulatory Authorities，RA）和联盟链（Alliance Blockchain，AB）。

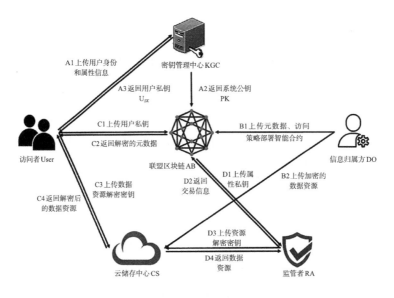

图7-1 系统模型图

密钥生成中心（KGC）：作为具备完全可信性的实体，密钥生成中心的主要职责是生成系统的公共参与、系统公钥和系统主密钥，其中系统公钥会被保存至联盟区块链上，向所有参与者公开，而主密钥则被储存在KGC。此外，KGC还要负责根据不同用户的身份属性集合为用户生成与之对应的用户属性私钥。

云储存器（CS）：在该系统中，云储存器（CS）的主要职责是储存信息归属方提供的可共享信息，并接受来自信息请求方的数据访问申请。此外，云储存器被假定为一个半可信的实体，即他会诚实地执行系统用户所下达的相关指令和任务，但也会试图从所接收到信息中截取更多其他有价值的数据。

信息归属方（DO）：信息归属方（DO）首先使用对称加密方式加密数据并为其生成唯一的哈希值，以防止数据被篡改，然后将其上传至云端并将其储存位置、简要内容和解密密钥等信息简化成元数据。在将元数据上传至联盟链之前，DO为其制定访问控制策略并根据该策略和系统公钥加密元数据，同时将带有预筛选策略的智能合约嵌入联盟链。在系统中，DO被认为均是可信的，并且不会故意做有损于破坏数据机密的事情。

用户（User）：系统会根据每位用户（包括信息归属方和数据访问者）所具有的身份属性集合授予其与之对应的属性私钥。数据访问者要想访问数据必须首先经智能合约筛选其是否具有访问资格，满足智能合约的访问条件之后，数据访问者将其属性私钥发送至联盟区块链接口，当其身份属性符合访问控制策略时才能被允许获取数据。系统中所有用户均被假定为是不诚实的，经过系统筛选后，未被授予目标信息访问权限的访问者会试图攻击系统以获得该数据。

监管者（RA）：在该系统中，监管中心（由政府相关部门组成）被设定为独立存在的一个实体，其不参与数据访问的过程，不具有上传、修改和删除数据等编辑数据的权限，但其会被授予查看数据访问过程事务相关的所有信息的权限。监管中心是作为数字创意产业信息共享过程中实行监管功能的独立实体存在的，其能够有效地避免其他主体实行违规违法行为，保障社会公共利益。

联盟链（AB）：在该系统中，联盟区块链被假定为完全可信的实体，联盟链节点由数字创意产业上下游各类型企业构成，这些节点会诚实地在共识机制下工作，共同维护联盟区块链。作为一个去中心化平台，联盟链凭借自身不可篡改、公开透明、可追溯等特性，有效保证了数据共享过程中的效率与安全。

7.4 方案定义及安全模型

1.方案定义

基于密文属性基加密的数字创意产业信息安全共享方案主要包括以下四个多项式算法，描述如下：

1）Setup$(\lambda) \rightarrow (PK, MK)$：系统参数设置算法，由KGC执行。该算法输入安全参数λ，输出系统公钥PK、系统主密钥MK。

2）KeyGen$(PK, MK, S) \rightarrow (U_{SK})$：用户（包括加入该数字创意产业信息共享方案的所有企业）私钥生成算法，由KGC执行。该算法输入系统公钥PK、主密钥MK、用户属性集合S，输出带有用户属性的私钥U_{SK}。

3）Encrypt$(M, \Gamma, PK) \rightarrow (CT)$：数据加密算法，由信息归属方DO执行。首先DO将利益相关方（即有意愿进行信息共享的主体方）事先通过实体合同约定的数据访问权限通过事务的方式生成智能合约，并将其嵌入联盟链，在访问过程自动判定访问者是否具有访问数据的权限。接着该算法输入明文消息M、访问控制策略结构Γ以及系统公钥PK，算法输出明文M对应的密文CT，即元数据密文。

4）Decrypt$(PK, CT, U_{SK}) \rightarrow (M/ \perp)$：数据解密算法，由用户User执行。访问者访问联盟链，经联盟链上自动嵌入的智能合约判定其是否具有访问权限，包括访问时间、访问地点等约束条件，若不符合则算法终止，该次访问失败。接着该算法输入系统公钥PK、密文CT以及用户的属性私钥U_{SK}算法输出解密后的明文消息M。只有当用户属性符合访问控制策略时，用户的属性私钥U_{SK}才能成功解密密文数据；否则算法将输出$\perp$。需要说明的是，此次解密成功得到的是元数据，访问者可从元数据中获得数据资源在云端的储存位置、解密所需的对称密钥，并从云端下载并解密得到数据资源。

2.方案安全模型

在一个系统安全运作的过程中，所采用的安全方案必须能够实现一定程度细粒度的访问控制。即该安全方案需要确保只有当访问者的属性满足访问控制策略时，系统才能向该访问者公开解密密文所需的私钥，从而确保只有拥有相应资格的访问者才能访问并解密密文。

这种方案的安全模型又称数据机密性的语义安全模型。将以构建敌手与挑战者之间的数据安全攻防游戏的方式对安全模型的防御机制进行说明，主要过程如下。

系统建立阶段：该阶段主要是借助"系统建立算法"生成系统公钥和主密钥，这个算法由挑战者执行，值得说明的是，敌手可以获取系统公钥，但主密钥需由挑战者自己保存。

询问阶段1：敌手根据自身策略向挑战者发送与不同属性集合所对应的私钥询问，挑战者则根据敌手发送的属性集合借助密钥生成算法生成与之对应的私钥，并将其返给敌手。

挑战阶段：敌手选择两个大小相同的明文消息 M_0，M_1 以及两个访问控制策略 Γ_1，Γ_2，并将其发送给挑战者（需要说明的是敌手在询问阶段1中所选择的属性集合均不满足访问控制策略 Γ_1，Γ_2），挑战者则随机选择一个比特 $\beta \in \{0, 1\}$，对与之对应的明文消息 M_β 进行加密，并将该密文发送给敌手。

询问阶段2：此时重复询问阶段1的流程，同样需要说明的是此次询问敌手所选择的属性集合仍然不满足访问控制策略 Γ_1，Γ_2，此时敌手只能在解密密文过程中来寻找问询时所选择的私钥与密文之间的对应关系，并猜测 β' 的值，如果 $\beta'=\beta$，则说明敌手的猜测正确，其赢得了这场游戏，也就是说该安全模型被成功破解了。

敌手在上述游戏中的优势为 $\left| Pr[\beta'=\beta] - \dfrac{1}{2} \right|$，其中 $Pr[\beta'=\beta]$ 代表 $\beta'=\beta$ 的概率。

定义：对于任意的数据安全模型来说，如果不存在某个多项式时间敌手在该攻防游戏中的优势是难以忽略的，则说明该数据安全模型能够抵御选择明文攻击。

7.5 方案的详细构造

方案包括四个基本阶段：系统参数设置，用户私钥生成，数据加密，数据解密。

1. 系统参数设置（Setup）

系统参数设置主要是指密钥管理中心 KGC 用系统建立算法，负责生成得到系统公钥 PK 和主密钥 MK 这两个主要的系统密钥。该算法的主要原理是：首先建立一个阶数为 p 的乘法循环群 G_0（也称双线性群），并将 g 赋予为乘法循环群 G_1 的生成元，乘法循环群 G_0 和 G_1 需要满足双线性映射 $e: G_0 \times G_0 \to G_1$。此外，系统还需将所有用户的属性汇总进属性空间 U 中，$U=\{S_1, S_2, S_3, ..., S_n\}$。完成以上操作之后，系统随机选择两个参数 α，$\beta \in Z_p$ 并将其输入系统，并输出得到系统公钥 PK 和主密钥 MK，即

$$PK = \left\{ G_0, g, h = g^{\beta}, e(g,g)^a \right\}$$
$$MK = \left\{ \beta, g^{\alpha} \right\} \tag{7-1}$$

之后密钥管理中心将公钥PK发送给区块链进行存储，主密钥由密钥管理中心秘密保存。

2.用户私钥生成（KeyGen）

此阶段主要涉及密钥生成算法，即密钥管理中心将系统公钥PK、系统主密钥MK、和用户的属性集合S（这里的属性集合S是属性空间U的其中一个非空子集）作为输入参数，运转密钥生成算法输出参数：用户私钥U_{SK}。值得说明的是，这里的用户属性具有一定程度的特异性，因此生成的私钥所包含的参数中需要能够代表每个属性的一个参数，该算法通过为每个属性$j \in S$，选取一个与之对应的随机数$r_j \in Z_p$来实现，由此所形成的私钥形式为：

$$U_{SK} = \left\{ D = g^{(\alpha+r)/\beta}, \forall i \in S : D_j = g^r \cdot H(j)^{r_j}, D_j^{'} = g^{r_j} \right\} \tag{7-2}$$

3.数据加密（Encrypt）

数据加密主要是指信息归属方借助加密算法利用系统公钥PK和事先设定的访问控制策略Γ对明文信息M进行加密，从而得到加密密文CT的过程。该过程的核心是建立访问控制策略数，主要原理为：设定节点x的门限值d_x和与之对应的(d_x-1)次随机多项式q_x，当$q_x(0)$的值为秘密值$s(s \in Z_p)$时，此节点x即为根节点R；而对于其他非根节点来说，$q_x(0) = q_{parent(x)}(index(x))$，即得到的是与该节点对应的父节点的编号。由此将这些参数和函数代入加密算法即可生成加密后的密文，即：

$$CT = \left\{ \Gamma, \widetilde{C} = Me(g,g)^{as}, C = h^s, \forall y \in Y : C_y = g^{q_y(0)}, C_y^{'} = H(att(y))^{q_y(0)} \right\} \tag{7-3}$$

其中$att(y)$表示返回叶子节点所对应的属性。同时，信息归属方将各利益相关方共同商议确定的智能合约部署至区块链上，将其与访问控制策略相关联，只有当访问者满足智能合约的判定条件时，他才能进行下一步访问控制策略的识别过程。

4.数据解密（Decrypt）

在解密阶段，云储存器和计算机服务器及数据的访问者三者交互。解密阶段分为两部分：访问权限预筛选和访问控制策略验证。

访问权限预筛选过程：数据访问者通过区块链面层接口将自己的属性私钥 U_{SK}，系统公钥 PK，以及要访问的密文 CT 作为输入，部署于区块链上的智能合约根据访问者的用户信息是否满足访问条件会自动判定访问者是否具有访问权限，当且仅当访问者满足访问条件时，其才具有资格进行下一步访问控制策略的识别过程，否则系统将自动终止此次访问。

访问控制策略验证过程：如果属性私钥 U_{SK} 不满足密文的访问控制策略 Γ，算法终止并输出 $\perp$。若属性私钥 U_{SK} 满足密文的访问控制策略 Γ，则可解密得到明文 m。具体过程为：首先定义递归运算 $DecryptNode(CT, U_{SK}, x)$，它接受输入密文 CT，一个与用户属性 S 相关联的私钥 U_{SK}，以及访问控制策略数中的一个节点 x。

1）如果节点 x 是叶子节点，则设 $i = att(x)$，计算：

若 $i \in S$，则

$$
\begin{aligned}
DecryptNode(CT, U_{SK}, x) &= \frac{e(D_i, C_x)}{e(D'_i, C'_x)} \\
&= \frac{e(g^r \cdot H(i)^{r_i}, g^{q_{x(0)}})}{e(g^{r_i} \cdot H(att(x))^{q_{x(0)}})} \\
&= \frac{e(g^r \cdot H(i)^{r_i}, g^{q_{x(0)}})}{e(g^{r_i} \cdot H(i)^{q_{x(0)}})} \\
&= \frac{e(g^r, g^{q_{x(0)}}) \cdot e(H(i)^{r_i}, g^{q_{x(0)}})}{e(g^{r_i} \cdot H(i)^{q_{x(0)}})} \\
&= \frac{e(g^r, g^{q_{x(0)}}) \cdot e(H(i), g)^{r_i q_{x(0)}}}{e(g \cdot H(i))^{r_i q_{x(0)}}} \\
&= e(g, g)^{r q_{x(0)}} \\
&= e(g, g)^{rs}
\end{aligned}
\tag{7-4}
$$

若 $i \notin S$，则 $DecryptNode(CT, U_{SK}, x) = \perp$。

2）如果节点 x 是非叶子节点，$DecryptNode(CT, U_{SK}, x)$ 进行如下计算：对于节点 x 的所有孩子节点 z 使用 $DecryptNode(CT, U_{SK}, z)$，并将输出表示为 F_z，然后将 $F_z \neq \perp$ 的孩子节点保存至集合 S_x 中，令 $i = att(z)$，$S'_x = \{index(Z) : Z \in S_x\}$，

使得 $F_z \neq \perp$。若不存在这样的集合，则该节点不满足访问控制策略数，系统返回 $\perp$；否则计算：

$$
\begin{aligned}
F_x &= \prod_{z \in S_x} F_z^{\Delta_{i,S_x'(0)}}, \qquad where_{S_x'=\{index(z):\, z \in S_x\}}^{i=index(z)} \\
&= \prod_{z \in S_x} \left(e(g,g)^{r \cdot q_z(0)} \right)^{\Delta_{i,S_x'(0)}} \\
&= \prod_{z \in S_x} \left(e(g,g)^{r \cdot q_{parent(z)}(index(z))} \right)^{\Delta_{i,S_x'(0)}} \\
&= \prod_{z \in S_x} e(g,g)^{r \cdot q_x(i) \cdot \Delta_{i,S_x'(0)}} \\
&= e(g,g)^{r q_x(i) \sum_{z \in S_x} \Delta_{i,S_x'(0)}} \\
&= e(g,g)^{r \cdot q_x(0)} \\
&= e(g,g)^{rs}
\end{aligned}
\tag{7-5}
$$

最后利用解密算法，从访问控制策略数 Γ 的根节点 R 开始进行计算，令 $A=e(g,g)^{r \cdot q_x(0)}=e(g,g)^{rs}$，则有 $\widetilde{C}/(e(C,D)/A)=Me(g,g)^{as}/e(h^s,g^{(a+r)/\beta})/e(g,g)^{rs}=M$。

最后数据访问者通过得到的明文消息找到数据在云储存器中的储存位置，并解密得到最终的数据资源。

7.6　方案安全性分析

1.正确性分析

若系统中的信息归属方 DO、联盟链 AB 以及云储存 CS 等实体均是诚实的，会严格执行上述方案中的算法要求，则根据上述方案中的解密算法最终会得到唯一正确的明文消息 M。其严格的数学公式证明过程：

令解密算法过程中的参数 x 代表访问控制策略数上的某一个节点，该节点可能是叶子节点，也可能是非叶子节点（即根节点）。

1）当节点 x 是叶子节点时，令 $i=att(x)$，表示节点代表的属性为，有如下定义：

若 $i \in S$，则

$$DecryptNode(CT, U_{SK}, x) = \frac{e(D_i, C_x)}{e(D_i^{'}, C_x^{'})}$$

$$= \frac{e(g^r \cdot H(i)^{r_i}, g^{q_{x(0)}})}{e(g^{r_i} \cdot H(att(x))^{q_{x(0)}})}$$

$$= \frac{e(g^r \cdot H(i)^{r_i}, g^{q_{x(0)}})}{e(g^{r_i} \cdot H(i)^{q_{x(0)}})} \qquad (7\text{-}6)$$

$$= \frac{e(g^r, g^{q_{x(0)}}) \cdot e(H(i)^{r_i}, g^{q_{x(0)}})}{e(g^{r_i} \cdot H(i)^{q_{x(0)}})}$$

$$= \frac{e(g^r, g^{q_{x(0)}}) \cdot e(H(i), g)^{r_i q_{x(0)}}}{e(g \cdot H(i))^{r_i q_{x(0)}}}$$

$$= e(g, g)^{r q_{x(0)}}$$

$$= e(g, g)^{rs}$$

若 $i \notin S$，则 $DecryptNode(CT, U_{SK}, x) = \perp$。

2）当节点 x 是非叶子节点，$DecryptNode(CT, U_{SK}, x)$ 进行如下计算：对于节点 x 的所有孩子节点 z 使用 $DecryptNode(CT, U_{SK}, z)$，并将输出表示为 F_z，之后将 $F_z \neq \perp$ 的孩子节点保存至集合 S_x 中，令 $i = att(z)$，$S_x^{'} = \{index(Z) : Z \in S_x\}$，使得 $F_z \neq \perp$，然后计算：

$$F_x = \prod_{z \in S_x} F_z^{\Delta_i, S_x^{'}(0)}$$

$$= \prod_{z \in S_x} \left(e(g, g)^{r \cdot q_z(0)} \right)^{\Delta_i, S_x^{'}(0)}$$

$$= \prod_{z \in S_x} \left(e(g, g)^{r \cdot q_{parent(z)}(index(z))} \right)^{\Delta_i, S_x^{'}(0)} \qquad (7\text{-}7)$$

$$= \prod_{z \in S_x} e(g, g)^{r \cdot q_x(i) \cdot \Delta_i, S_x^{'}(0)}$$

$$= e(g, g)^{r q_x(i) \sum_{z \in S_x} \Delta_i, S_x^{'}(0)}$$

$$= e(g, g)^{r \cdot q_x(0)}$$

$$= e(g, g)^{rs}$$

若不存在这样的集合，则该节点不满足访问控制策略数，系统返回 $\perp$。

由以上数学分析可得，无论是什么节点，最终都能计算得到 $e(g, g)^{rs}$。然后通过 $Me(g, g)^{as} / e(h^s, g^{(\alpha+r)/\beta}) / e(g, g)^{rs} = M$ 运算得到明文消息 M。

2.安全性分析

通过构建基于信息共享安全模型的攻防游戏，并利用数学原理对该游戏的结论进行证明，进而证明该加密方案的安全性。这里需要说明的是，该方案的安全性证明是在一般双线性群模型和随机预言机模型的基础上来进行论证的[116][117]。

为了使论证更加清晰，对这两种模型涉及的部分参数进行设定，一般双线性群模型：令 ψ_0，ψ_1 为加法循环群 F_p 中的两个随机字符代表，则有 ψ_0，ψ_1：$F_p \rightarrow \{0, 1\}^m$，其中 $m > 3log(p)$。且对于 $\forall i \in \{0, 1\}$，均有乘法循环群 $G_i = \{u_i(x) : x \in F_p\}$。此外，乘法循环群 G_0、G_1 以及双线性映射 $e : G_0 \times G_0 \rightarrow G_1$ 能够实现与随机预言机之间的交互功能。随机预言机模型：其本质上是一种散列算法，因此这里以哈希函数作为代表。

定理1：若 ψ_0，ψ_1，G_0；G_1 按上述进行设定，且 q 为敌手经哈希算法、乘法循环群 G_0，以及双线性映射 e 问询后所得的群元素总量，则有敌手在该安全攻防游戏中的优势可以表述为 $O(q^2/p)$。

说明：在安全攻防游戏中，挑战密文的形式为 $CT = \{\Gamma, \widetilde{C} = M \cdot e(g, g)^{\alpha s}, C = g_s, \forall y \in Y : C_y = g^{q_y(0)}, C_y' = H(att(y))^{q_y(0)}\}$，其中 $\widetilde{C}$ 有两种形式，即 $M_0 e(g, g)^{\alpha s}$ 或 $M_1 e(g, g)^{\alpha s}$。传统的安全攻防游戏已经得到学者的充分证明，因此在此基础上，引入改良版的安全游戏：即增加游戏难度，敌手需要成功猜测 $\widetilde{C}$ 所包含项的形式是 $e(g, g)^{\alpha s}$ 还是 $e(g, g)^{\theta}$（其中 θ 设定为有限域 F_p 中一个随机值）来赢得该安全攻防游戏。可以看出，在原本的安全攻防游戏中具有 ϵ 优势的敌手，本改良版的游戏中的优势至少下降一半，变为 $\epsilon/2$，即敌手能够以 $\epsilon/2$ 的优势成功分辨 $M_0 e(g, g)^{\alpha s}$ 和 $e(g, g)^{\theta}$，同理他也能以相同的优势成功分辨 $M_1 e(g, g)^{\alpha s}$ 和 $e(g, g)^{\theta}$ 这两者。下文中部分参数的命名方式为：$g = \psi_0(1)$，$g^x = \psi_0(x)$，$e(g, g) = \psi_1(1) e(g, g)^y = \psi_1(y)$。

第一部分，即证明敌手在本安全游戏中的最大优势为 $O(q^2/p)$，首先对敌手在安全攻防游戏的优势进行论述：

系统建立阶段：首先由挑战者随机选择一个参数 $\alpha \in F_p$，并向敌手公开双线性映射 $e(g, g)^{\alpha}$ 和公共参数 g。当敌手发起针对某一字符串 i 的哈希问询时，挑战者需要响应该问询，并选择一个随机值 $t_i \in F_p$，将经过哈希运算得到的哈希值 g_{t_i} 发送给敌手。

问询阶段1：在该阶段敌手可以选取属性集合 S 向挑战者发起多项式次数的

密钥问询。首先，敌手选取某一属性集合 S_j 并向挑战者发起针对该属性集合的第 j 次密钥问询，挑战者在接收到该密钥问询后，作为回应，挑战者选择一随机数值 $r^{(j)} \in F_p$，确保对于每个属性 i（其中 $i \in S_j$），都存在与之对应的随机数 $r_i^{(j)}$（$r_i^{(j)} \in F_p$），接着通过算法计算生成与该属性集合相对应的密钥 $U_{SK}=(D=g^{a+r_i}$，$\forall i \in S_j: D_i=g^{r^{(j)}+t_i r_i^{(j)}}$，$D_i^{'}=g^{r_i^{(j)}}$），并将其发送给敌手。需要说明的是这里敌手选择的属性集合并不满足访问控制策略 Γ，其只能通过观察属性集合 S_j 与密钥 U_{SK} 之间的关系，并成功猜测 $\widetilde{C}$ 的形式赢得本游戏。

挑战阶段：敌手分别选择两个长度相同的消息 M_0 和 M_1，以及一个访问控制策略 Γ 向挑战者发起密文问询。为了回应此问询，挑战者首先在有限域 F_p 中选择一个随机的参数 s，利用与访问控制策略相关联的秘密共享方案构造一个与属性 i 相对应的唯一秘密份额 λ_i（说明：这里通过选择 l 个彼此独立的随机数 μ_1，μ_2，$\cdots$，$\mu_l \in F_p$，利用 μ_k 与 s 的线性组合来表示秘密份额 λ_i。）然后挑战者选择一个随机的参数 $\theta \in F_p$，构造出与之相对应的密文 $\widetilde{C}=e(g, g)^{\theta}$，同时还需要加入属性元素，因此挑战者还需构造出与属性 i 相对应的密文组合 $\{C_i=g^{\lambda_i}$，$C_i^{'}=g^{t_i \lambda_i}\}$，将其与密文 $\widetilde{C}$ 相结合构成密文 $\{\widetilde{C}, C_i, C_i^{'}\}$ 并发送给敌手。至此安全游戏的原理过程基本论述完成。

在这个安全游戏中，若将变量选择的随机性用概率 $1-o(q^2/p)$ 表示的话，则在此游戏中敌手的猜测成功与敌手被给定密文 $\widetilde{C}=e(g, g)^{as}$ 时的概率分布相同，即可以得出结论：敌手在本游戏中的优势最大为 $o(q^2/p)$。至此，敌手在本安全游戏中的优势最大为 $o(q^2/p)$ 证明完毕。

这里说明，当敌手向群预言机进行问询时，会出现下面这两种可能情况：

1）敌手仅提供从本安全游戏中获取的初始输入值或者从群预言机所获得的中间值；

2）由于在参数 ϕ_0 和 ϕ_1 区间范围内存在 p 个互不相同的值，因此可以找出预言机所运算的代数表达式，也即是运算变量 θ，α，t_i，$r^{(j)}$，$r_i^{(j)}$，s，μ_k 的有理函数 $v=\eta/\zeta$（发生这种情况的概率为 $1-o(1/p)$）。

第二部分，即证明敌手不能成功猜测 $\theta=\alpha s$。

首先，游戏中敌手的猜测成功与敌手被给定密文 $\widetilde{C}=e(g, g)^{\alpha s}$ 时的概率分布相同。因为在一般线性群模型中，每个群元素都是相同的，因此当 $\theta=\alpha s$ 时，敌手的猜测与之不同的唯一可能的假设便是：只有当 $v|_{\theta=\alpha s}=v'|_{\theta=\alpha s}$ 时，乘法循环群 G 的询问 v 和 v'（$v \neq v'$）才能相等。这种情况的概率其实为 0。因为在密文表达式

中，参数 θ 只能借助于双线性映射 $e(g, g)^\theta$ 的形式存在，可以得出问询 v 或 v' 与参数 θ 之间唯一的关联形式便是带有 $\gamma'\theta$ 形式的加法项（其中 γ' 代表一个常数）。向下推理可以得出，对于某些常数 $\gamma \neq 0$，一定存在等式 $v-v'=\gamma\alpha s-\gamma\theta$，也即 $v-v'+\gamma\theta=\gamma\alpha s$，接着可以人为地将关于 $\gamma\alpha s$ 的询问等式添加至敌手的问询中。接下来将证明敌手不可能构造出对 $e(g, g)^{\gamma\alpha s}$ 的问询，因为如果敌手能够构造出对 $e(g, g)^{\gamma\alpha s}$ 的问询，便与上述的假设相矛盾。

由于敌手可以问询到乘法循环群 G_1 中所有相关的有理函数的任意线性组合（也即多项式组合），根据前段推出的证明方向，即敌手不可能构造出对 $e(g, g)^{\gamma\alpha s}$ 的问询，证明方向可以转变为是证明这些多项式的形式都不是 $\gamma\alpha s$。

其中 γ 是一个不为零的常数。敌手可以构造包含 αs 项的唯一方法是将 s 与 $(\alpha+r^{(j)})$ 相乘得到 $(\alpha s+r^{(j)})$，如此，敌手就可以为某些集合 T 和常数 $\gamma(\gamma_j \neq 0)$ 构建包含 $\gamma\alpha s+\sum_{j \in T}\gamma_j sr^{(j)}$ 的询问多项式。因此敌手为了得到与 $\gamma\alpha s$ 形式相同的询问多项式，必须加入其他的多项式项才能将 $\sum_{j \in T}\gamma_j sr^{(j)}$ 这一项消去。而 $sr^{(j)}$ 可通过将 $r^{(j)}+t_i r_i^{(j)}$ 与一些 λ_i' 配对获得，因为 λ_i' 是 μ_k 和 s 的线性组合。

综上所述，利用集合 T_j' 和非零常数 r_i，r_i'，r_j 这些参数，敌手可以构建出形如以下这种形式的询问多项式：$\gamma\alpha s+\sum_{j \in T}(\gamma_j sr^{(j)}+\sum_{i, i' \in T_j'}\gamma_{(i, i', j)}(\lambda_i' r^{(j)}+\lambda_i' t_i r_i^{(j)}))+$
other terms

最后对以下两种情况进行说明。

情况1：假设存在某个 $j \in \tau$，使得秘密份额的集合 $L_j=\{\lambda_i': \exists i, i' \in \tau_j'\}$ 不能重构秘密值 s。如果该假设成立，则多项式中的 $sr^{(j)}$ 项无法被消除，即敌手构造的询问多项式并不等于 $\gamma\alpha s$ 多项式。

情况2：假设对任意的 $j \in \tau$，秘密份额的集合 $L_j=\{\lambda_i': \exists i, i' \in \tau_j'\}$ 能够重构秘密值 s。若敌手提出的询问密钥不能满足与密文对应的访问控制策略及实现解密所需的属性，则代表秘密份额的集合 $L_j'=\{\lambda_i: i \in S_j\}$ 不能重构秘密值 s（其中 λ_i 代表秘密份额，S_j 代表敌手进行第 j 次问询时所选择的属性集合），由此可以得出，集合 $L_j=\{\lambda_i: i \in S_j\}$ 中至少会存在一个秘密份额 λ_i' 不属于集合 L_j'，从而说明一定存在 $i \in S_j$，使得与之对应的多项式中的 $\lambda_i' t_i r_i^{(j)}$ 无法被消去，即敌手无法成功构造出形如 $\gamma\alpha s$ 形式的多项式。

综上所述可以得出，任何情况下敌手均不能成功构造出形如 $\gamma\alpha s$ 这种形式的多项式，从而无法清晰地区分 $e(g, g)^{\alpha s}$ 和 $e(g, g)^\theta$，至此"敌手不能成功猜测 $\theta=\alpha s$"证明完毕。

综合以上两个方向的证明，可以认定该加密方案是安全的。

7.7 方案性能分析

本节将通过改变一定范围内的变量的参数值，对密文策略属性基加密技术的加密解密过程进行试验并进行分析其工作效率。因为系统初始化和密钥生成算法输入数据访问之前的工作，并不直接影响数据访问过程的效率，因此本书只对加密解密过程进行实验模拟。同时，在本书的方案设定中，为了减小区块链的运算量，区块链中仅储存用于描述数字创意产业中相关数据资源的元数据，数据访问者通过密文加密技术解密得到元数据之后，根据其中的信息找到数据资源在云储存中心的实际位置并通过对称加密技术解密得到数据资源，此环节将由用户在本地完成，因此实验所模拟的解密过程是指数据访问者获取元数据的过程。此外由于设计的基于区块链的数字创意产业信息共享系统是针对产业内部有意愿进行信息共享的企业，企业的规模大小、数量包大小、访问次数等参数实际过程中并不固定，将其作为变量进行模拟不具有较大的实际意义，因此选择将属性个数作为变量，通过不断改变密文策略属性基加密技术中访问控制策略的属性个数，根据实验反应结果分析加密解密的效率。

1.实验环境

实验环境主要包括实验的软件平台、硬件设备和数据包大小。

实验的硬件设备：一台系统为Windows10的普通PC机，处理器为Intel® core™ i7，CPU：3.2Ghz，运行内存RAM为8GB。

实验的软件平台：虚拟机 VMware Workstation 14pro，并在其上安装Ubuntu 18.04。

元数据本身包含的信息量较少，所占内存不大，因此模拟用的元数据包大小定为100MB。

属性变化设定：将密文对应的访问控制策略的属性个数的初始值设定为5，并按每次增加5个属性的数上限为50。

2.实验结果与分析

图7-2详细展示了与密文所对应的访问控制策略的属性值发生变化时，加密解密时间与属性个数关系，其中横轴表示属性数量，单位为个，纵轴表示加密解密的时间，单位为s。从图中可以观察到加密和解密算法的运行时间是随着属性数量的增加而增长的，但这两个过程都在2s内完成，说明可以保证安全共享数据的同时也能及时获得数据明文。

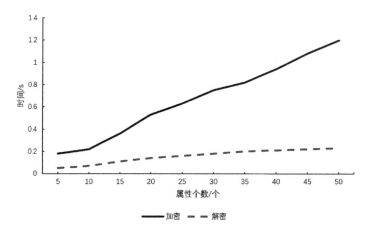

图7-2　加密解密时间与属性个数关系图

本章小结

本章主要对基于密文策略属性基加密技术的数字创意产业信息共享方案进行了设计与实现。设计的方案将数据资源储存在云储存中心，运用密文策略属性基加密技术只需保证元数据的加密解密，很大程度上减小了区块链的计算量，同时降低了数字创意产业中各参与企业在数据共享中的投入成本，保证数据访问的时间效率。首先对运用密文策略属性基加密技术保障数据共享安全的需求性进行了分析，接着介绍了相关准备工作，方案定义，系统模型的设计，以及方案的详细构造，并由安全性理论分析得出该方案是具有足够安全的。最后通过实验论证了方案是满足数字创意产业各企业间信息共享的效率需求和安全性的。

第 **8** 章

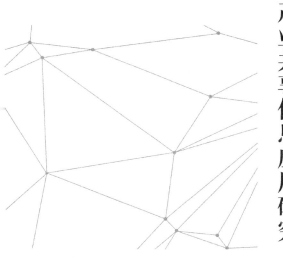
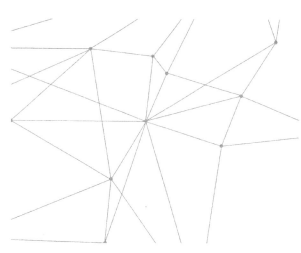

基于智能合约技术的数字创意
产业共享信息应用研究

为解决数字创意产业信息共享方案模型中关于密文属性加密技术实现访问控制策略设定较困难的问题，引入智能合约技术实现访问权限的预筛选，由此减轻访问控制策略的验证压力。由智能合约技术与密文加密技术共同保障数字创意产业信息共享过程中联盟链内访问控制策略的设置与实现，同时保证信息共享安全性及效率。

数字创意产业联盟链内各企业之间的联盟合作关系离不开合同的制定与签署，签署合同后各主体的实际履行情况是该合同条款是否能实现的关键所在。签署合同的根本原因是合同当事主体间无法取得并建立充足的信任关系，只能依靠法律法规的规定及合同文本中文字的约束，由此使合同涉及的各主体达成一致意见后明确己方权利和义务。但通过传统合同建立的合同关系的过程中，涉及的主体需消耗对应人力、物力、时间等，并且在违约情况发生时，还需法律、机构等第三方的介入，因此用传统合同来建立合作关系需投入相当大的各类成本，且传统合约的约束力可能存在漏洞，在执行过程中容易产生较多变数，难以保障执行力度。由于区块链有公开、透明、难以篡改的特点，所以将合同放到数字创意产业联盟链上，形成智能合约，可以有效地降低交易成本并提高信息共享效率。智能合约即根据区块链内可编程的特点，可以将合同变成代码的形式放到数字创意产业联盟链上，并在约定的条件下自动执行。智能合约可以理解为一种事件监听函数，一旦触发事件发生，则会立刻执行监听函数。同理智能合约就是被部署到数字创意产业联盟链中的一种电子代码合同，而且合约的输入条件一旦被满足，就会自动执行，不需要人为干预，并且自带事务机制，同时若交易共享双方产生违约行为，智能合约将自动根据违约条款执行。

8.1 数字创意产业联盟信息共享不同模式的风险与价值

信息共享的界定中表示各层次间、不同单位间、各部门间共享及共同使用各类信息。信息共享可以使各种信息及其他资源的分配及运用更科学合理，达到减少成本和加大信息利用率的目的，同时促进经济发展更迅速。联盟是企业间进行合作的重要战略形式之一，企业合作形成联盟一般是为了互相共享联盟内其他企业的信息或资源，从而共同面对行业内市场上其他企业的竞争压力。数字创意相关产业的信息紧密关联性更是使形成联盟后更能有效提高合作效益。运用传统模式进行企业联盟的信息共享时，除了部分难以预测的风险，如市场风险、政策变化、经济环境变化等，还需面临由于模式本身的不足产生的内外风险。利用联盟链构建出的可信环境并通过智能合约控制执行的数字创意产业相关企业信息共享新模式，可以极大程度上弥补传统模式的不足，并解决其引起的风险问题。

1.传统信息共享模式风险

（1）机会主义行为

机会主义行为指在信息不对称时，进行信息展示时不完整或不真实，或以此做出其他损人利己的行为，如虚假包装自己、专利剽窃、违约现象、偷懒行为等。数字创意产业企业联盟内成员间虽存在合作协议，但监管程度不高使契约执行力度不能保证。由于企业间存在信息的不对称性，因此增大了其他联盟合作方的机会主义行为倾向。当一方率先进行信息数据共享时，不能保证其他联盟伙伴是否会按照合作协议保质保量完成信息共享或其他应履行的责任。在合作过程中，机会主义行为的出现将导致数字创意产业联盟内各企业成员为谋求己方利益损害联盟内整体利益及联盟成员利益。

"一意多用"的数字创意相关产业各企业形成合作联盟后，当联盟内部分企业的产品进行联动开发或推广营销时，需要各参与方主体共享产品及市场信息或其他资源、渠道，通过整合项目相关信息和其他资源，能进一步保障项目决策减少偏差，进展更加顺利，并提高项目整体效益。若在项目进程中有联盟伙伴为降低己方成本，做出有损联盟利益的机会主义行为，给各合作方带来较高风险。如破坏信息数据共享的完整性或篡改部分数据，从而使信息在数字创意产业联盟项目中可用性减弱，可能导致项目出现决策性错误；甚至若有联盟企业受到其他因素影响而着眼于短期利益，做出将联盟内其他伙伴内部信息泄露给其竞争企业等行为。

（2）有限理性

数字创意产业联盟合作中，在联盟成立之初，各企业主体只能基于当前的政策环境及市场环境商议联盟内未来的合作范畴、一致目标及各类联盟合约及制度，但由于产业外部各类环境复杂多变而难以预测，因此联盟内的各种决策也许与多变的市场环境并不适配。数字创意产业联盟内各企业主体的有限理性，使其无法准确预测未来联盟内会发生的突发状况，并且无法在事前或事后将所有信息数据有效写入联盟合同协议中，难以制定合理的利益分配制度及激励机制。由于数字创意产业以创意为核心，对信息资源高度关注，并对其扩散的敏感性，因而信息资源在该产业中价值体现成动态变化难以准确衡量，数字创意产业联盟内提供信息的企业主体按照联盟既定机制分配利益及奖励，可能出现信息价值溢出的情况，信息提供主体无法得到对等的利益[118]。此外，由于外部环境的复杂多变，联盟内各方对联盟未来发展的决策认知有限，原定的决策可能不适用于新市场环境中的数字创意产业联盟整体发展目标，导致原有信息供给方的信息优势可能成为劣势，这种情况下，若联盟内合作主体不能及时交流沟通，商议合作方案及目标的调整，可能导致数字创意产业联盟内部分企业不仅要承担己方信息被泄露的风向及已投入的高昂成本，还可能需面对收益大幅低于实际应收甚至低于成本投入的后果。

（3）信息交换平台风险

目前企业间大多通过邮件传输、数据交换系统、信息平台等方式进行信息数据共享。这些共享方式都离不开信息通信技术及配套软件等提供的物理环境，若存在自身产品或系统的脆弱性和服务端防护有漏洞等技术环境问题，则使信息数据出现很多安全隐患。信息共享交换系统和平台在促进信息资源的高度数据化的同时，不可避免的也增多了信息泄露的通道，造成信息被破坏、泄露等。对于传统信息共享方式，除系统或平台易受外界攻击入侵造成信息泄露外，在信息共享的整个周期里，每个环节都可能导致信息数据的安全问题。数字创意产业联盟内项目产品信息、项目业务数据、市场信息等往往需要在系统或平台间进行流动，即可能需跨数据中心端流动。信息数据的每个流转环节中（包括系统内，跨平台间，项目开展与运营过程中等），在信息采集、储存、传输、处理、交互各阶段都有可能由于人为或系统平台不兼容而出现信息安全风险。

在信息共享交换系统或平台环境里，存在第三方机构即平台服务商也将参与企业联盟信息共享的全过程。传统的信息共享模式无法做到去中心化，因此企业主体对信息数据的控制能力会相对减弱。在系统或平台内，后台服务商对企业信息有访问、利用的能力，而企业联盟难以对其进行有效的管理及监督。此外，当企业联盟退出运用的共享系统或平台时，服务商是否对联盟备份的各类信息数据文件实施完全永久性删除操作也同样难以检验，使存在信息数据残留风险。传统信息共享模式下，由于系统及平台环境的复杂性，若出现信息数据安全问题，界定责任方时将存在很大难度，较难判断服务商与联盟企业主体间的责任问题。

2.基于联盟链的信息共享中智能合约的价值

相较传统数字合约，智能合约在安全性、可靠性、公平性及高效性上有明显优势。基于联盟区块链的数字创意产业联盟结合区块链自身的智能合约技术后进行联盟内企业主体间的信息共享，比传统信息共享模式的作用和价值优越很多。由于联盟区块链本身具有分布式记账不可篡改、去中心化等特性，引入智能合约技术后可叠加其自动执行的特点，因此与传统信息共享模式相比，基于联盟链的共享模式可以大大减少过程中较难避免的风险的发生。

智能合约本质也是一种数字协议，不同的是它嵌入联盟区块链后几乎是不可篡改的，将会严格根据约定中的协议条款执行。把传统的合同文本以数字化的方式写入数字创意产业联盟链内形成智能合约的数字协议，并由联盟链自身特性使合约的制定、签署整个过程的存储、读取、执行均可实现不可篡改且过程透明可追踪。并且在联盟链内运用智能合约，通过联盟链内的共识算法可以使得智能合约的运行更高效。在普通合约中条款执行情况是不确定的，即合同主体可能会按照条款执行也可能不会。而智能合约在数字创意产业联盟区块链系统内，由于预设的合约条款的算法是在去中心化的区块链网络中运行的，因此智能合约条款的执行需通过技术手段予以保障。比如"若发生 X 事件，则会执行 Y 行为"是一个较简单的条件逻辑呈现形式。例如，在数字创意产业联盟链内，数字创意产品或服务销售方与产业链中游的创作制造方企业达成信息共享协议，其中一项条款为：如果产品或服务销售方 X 对创作制造方 Y 提供消费市场需求趋势等信息，则 Y 向 X 支付 W 元。区块链上智能合约不必输入信息共享事件已发生的结果，而是可以通过直接关联着联盟区块链内数据流转情况，直接触发使条款自动执行。

智能合约的运用使数字创意产业联盟链内信息共享的信任问题得到最大程度的解决，降低了诸多风险事件发生的概率，如合同主体是否能按约履行条款；信息共享后产生的利润分配纠纷问题；数字创意产业联盟内合作方是否会将同盟伙伴内部信息或项目信息泄露给其他企业等。联盟区块链的特性更是与智能合约的作用相辅相成，进一步促进数字创意产业联盟内信息共享的实现。一方面联盟区块链内数据无法删除、修改，而只能新增新数据，这就保证了智能合约条款历史的可追溯性，不可篡改性，不仅能使企业节点作恶行为被永久记录从而提高作恶成本，而且当产生合同纠纷时更利于判别真假对错等。另一方面联盟区块链的去中心化特性是较传统信息共享模式最大改变之一，直接避免了第三方参与联盟内信息共享全过程，从根源上避免中心化因素的恶意行为对合约执行及项目推进的干扰。

数字创意产业联盟在信息共享中运用智能合约技术最直观的价值在于其在成本效率方面的优越性。由于联盟链的去中心化特性，因此基于联盟链的智能合约的制定过程无须涉及第三方中心机构或权威机构，大幅缩减传统模式中合约制定的中间环节，减小时间成本及人力物力的投入，大大提高了制定效率。除此之外，由于智能合约技术需以计算机为基础载体，直接由合约制定时设置的代码及算法控制，不必人为参与其中，除了可以提高合同运行效率、降低合同制定、签订履行成本外，一旦合同主体发生违约、毁约等行为，合约程序会自动强制执行相应条款，智能合约的应用还能降低传统模式中需要的监督成本。

8.2 基于智能合约的数字创意产业联盟链信息共享系统设计

1.智能合约应用平台的选用

智能合约是一套可以在区块链中实现复杂业务功能并且自动调用的逻辑程序，以太坊、超级账本等为代表的区块链有关平台都能够运用智能合约的功能和特性，智能合约可以将用户的逻辑需求以去中心化的计算方式完成。智能合约的出现使得各种传统业务方式与区块链技术开始融合，例如质量溯源、访问控制、公证业务等，使得区块链的应用领域得到拓宽，应用方式也更加灵活。

目前运用了智能合约的信息共享方案的区块链的主流平台主要以以太坊及超级账本为主。Zhang Y等人提出了一种以以太坊平台为基础的访问控制方案，并运用访问控制方案中的智能合约对请求方的行为进行审核检查，以实现访问控制策略的访问权授予问题；同时可以通过智能合约进行逻辑判断，若请求方有错误行为可以根据规定的对应条款对其进行惩罚；平台内的注册合约可以为以上智能合约类型提供写入、更新、管理与修改等操作行为[119]。Riabi I等人提出基于融合运用身份的访问控制（Identity-Based Access Control，IBAC）与基于权能的访问控制（Capability-Based Access Control，Cap-BAC），并且引入智能合约技术使得更高价值得以实现[120]。在该访问控制权限的设计中主要以token令牌的形式在搭建的以太坊私链中流动。Yutaka M等人研究设计了一种基于属性的物联网访问控制框架。该框架主要负责管理访问控制策略；管理主体、客体属性信息；决策结果等，并且由智能合约完成框架的逻辑计算部分，以实现去中心化的访问控制[121]。

以上研究均选择以太坊作为底层区块链架构，在以太坊平台中部署智能合约实现访问控制过程中所需要的相关算法，但使用以太坊作为智能合约的搭载平台，实现数字创意产业信息共享存在以下不足：

1）以太坊是一种开放型区块链，其中的每个节点可被允许以未知的身份存在于以太坊中，节点的加入基于需要经过其他节点的同意，也不需要进行身份核对。但本次研究所提出的数字创意产业信息共享方案受众是产业链上下游有合作需求，互相有一定信任度的这些企业，因此该方案具有一定的隐私性，需要上链的节点需要经过一定的审核和链上企业的共识才能加入该联盟链。若智能合约与以太坊相结合后出现非法节点或恶意节点，则或对当前联盟链的网络环境和信息安全造成威胁，同时也降低了信息共享的效率。

2）若需在以太坊平台中写入、发布或执行智能合约，则需花费部分费用，在以太坊平台中这部分的花费需用该平台产出的数字货币进行结算，因此，若某用户已花完其在以太坊中的所有数字货币，则智能合约停止执行，用户无法再进行数据访问。

3）以太坊平台中的每一位节点都能参与共识过程，这便会增加共识达成的时间，降低信息共享的效率，使得以太坊所使用的PoS、PoW等共识算法对算力的要求极高，而在数字创意产业中实现企业间信息共享的初衷便是降低获取有效信息的成本，较高的算力要求会增加企业的成本，因此以太坊不适用于数字创意产业。

基于以上原因，在面向数字创意产业的信息共享方案设计中，本研究选择了新一代的区块链架构——超级账本作为数字创意产业联盟链智能合约的搭载平台。超级账本（Hyperledger）是Linux基金会发起的区块链应用开源项目，企业可通过超级账本构建满足特定需求的定制区块链。数字创意产业联盟链属于许可型网络系统，因此，当有新的节点注册加入超级账本平台时，除了需要进行身份验证之外，还必须通过联盟链内节点管理模块及验证节点等多方同意，联盟链内各节点相互之间须展现真实身份。并且在超级账本平台上新增节点的整个流程中可以保障数字创意产业联盟进行信息共享的隐私性与真实性。对于平台资源消耗的问题，超级账本同样也具有一定优势，例如运行过程对终端的算力性能要求不高，智能合约的编写和自动执行中不需消耗货币等。因此可以大幅降低信息共享投入成本，有利于搭建更良好的数字创意产业联盟内信息访问共享网络环境。

2. 基于智能合约的信息共享系统总体设计与分析

（1）信息共享系统层次设计

基于智能合约的数字创意产业信息共享系统的层次设计可以分为三层：用户层、网络层和数据层。

用户层包含了本系统在数字创意产业中的主要涉众和相应的客户端。

网络层内涵盖了多项技术实体，例如联盟链网络、链内节点等，此外该层还包括智能合约及交易业务信息。其中智能合约主要是对联盟内各企业间的协议条款及交易业务逻辑进行定义。当某用户节点在用户端提出交易申请后，会使对应智能合约中预设程序被触发。随后基于智能合约的要求，相应节点开始对此交易业务进行背书和验证。当累计一定数量后打包成新区块，并在区块链全网中进行广播，由数字创意产业联盟链上的共识节点利用共识算法进行公示，最终联盟链系统内的记账节点会在公共账本内记录该交易相关信息。数字创意产业联盟链网络内各节点均可在本地储存一个一样的公共账本副本，以防止某一个或某些恶意节点对交易数据进行篡改。

数据层由数字创意产业中参与企业所签约的云储存中心和区块链节点数据库组成。云储存中心用于储存各企业有意共享的信息数据。节点数据库为区块链网络中各个节点所有，储存区块链网络中的账本副本和链上数据。

基于智能合约的联盟链信息共享系统能够实施管理数字创意产业相关信息数据的访问控制权限，防止非法获取和篡改相关信息数据。用户可以通过用户层的客户端进行相关操作，网络层通过区块链传输这些操作命令，触发智能合约自动处理这些指令，根据访问控制权限实现对数据层中所储存的相关数据的访问控制（图8-1）。

（2）信息共享系统架构设计

结合数字创意产业联盟企业间信息数据共享模式及基于智能合约的信息共享

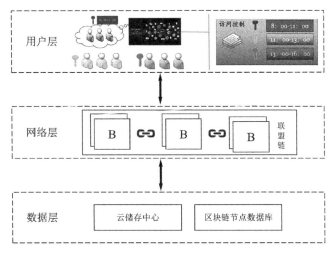

图8-1 系统层次架构

方案层级设计，基于Hyperledger Fabric区块链平台提出一种信息数据访问控制系统。数字创意产业联盟链内通过信息数据访问控制系统实现联盟企业间信息共享，系统总体架构由三部分构成：用户端、网络端、数据端。网络端作为用户端及数据端的中间枢纽，将三部分形成一个整体（图8-2）。

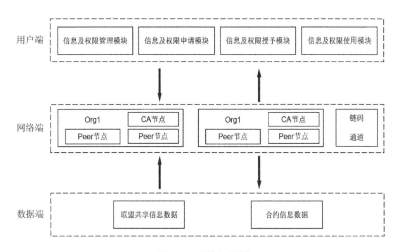

图8-2 系统架构图

1）用户端

层级结构中的用户层在系统构架中体现于用户端，涵盖了数字创意产业联盟的上中下游企业端及客户端。根据每个合同关系中企业主体的不同角色，可以将用户端的用户类型分为两类。第一种是数字创意产业联盟内各共享交易主体组成，分为信息归属方和信息访问请求方。信息归属方、访问权限开设者为信息归属方，需要信息数据共享及请求访问权限者为信息访问请求方。第二种是数字创意产业联盟外的监管方，负责监督联盟共享、交易的合法性等。

①功能模块类型

用户端的功能类型根据信息数据共享需求主要分为四种：信息及权限管理模块、信息及权限申请模块、信息及权限授予模块、信息及权限使用模块。

a.信息及权限管理模块

信息及权限管理模块主要针对的对象是数字创意产业联盟内的信息归属方，主要为其提供用户注册及登录；信息数据上传、管理、删除；信息访问控制策略设置与管理；权限设置与管理等功能。

b.信息及权限申请模块

信息及权限申请模块主要面向的用户是信息访问请求方。信息访问控制系统在该模块主要针对信息访问请求方提供注册登录功能；搜索查询信息在链情况功能；请求信息共享及权限申请等功能。基于联盟区块链的数字创意产业企业联盟中，同一企业主体在不同合同关系里对不同信息资源的供需可能处于不同位置。同一企业主体既可能是信息归属方，也可能是信息访问请求方，当企业扮演不同角色时，需要分别在用户端的信息及权限管理模块与信息及权限申请模块注册用户信息。当信息访问请求方要请求数字创意产业联盟链内访问同盟伙伴共享的某类信息时，首先需在该模块搜索输入要访问的信息数据，系统将会根据搜索的内容在本联盟链内查找符合信息访问请求方需求的信息，查找完成后，信息访问请求方可针对该信息数据发出访问权限申请。

c.信息及权限授予模块

信息及权限授予模块是由系统于后台自动运行的。当访问请求方发出访问权限申请时，系统内将会获取请求方的属性信息，并与事先设置好的该项共享信息的访问控制策略进行对比，若二者对比后通过访问控制策略设置的要求，则系统将授予信息访问请求方该信息的共享访问授权。

d.信息及权限使用模块

信息及权限使用模块会对信息访问请求方访问联盟内信息前再次核查。由于信息访问请求方在授予模块中获得信息共享访问授权时，在数字创意产业联盟链中会生成有关授权获取记录，因此当信息访问请求方需要进行信息访问时，系统首先将会在数字创意产业联盟链内查找该请求方的授权获取记录，只有当查找到相应结果，并比对通过验证后，该请求方才可对相应信息数据进行共享访问。

②信息归属方功能设计

用户端中四大功能模块是为信息归属方、信息访问请求方及监管方设计的，通过用户类型的不同对系统功能进行划分，信息访问控制系统中信息归属方功能图例如图8-3所示。

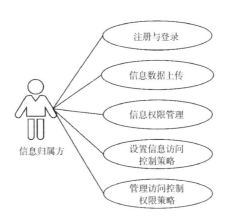

图8-3 信息归属方功能图例

信息归属方是信息访问控制系统中的权限控制方，系统为其设计的功能主要有：

a.信息归属方用户信息注册及登录功能。用户号在系统中注册完成后，信息归属方后续上传信息、设置访问控制策略、信息管理等操作均需要基于该用户号进行展开。

b.信息数据上传功能。信息归属方登录后可在数字创意联盟链内将需要共享的信息数据上传至信息访问控制系统，但需在上传信息数据后填写其有关名称、特征、类别等信息，以便信息访问请求方请求共享访问时在系统内进行搜索查询。此外，归属方可将信息访问控制权限级别序列化上传至系统，可使得授予访问方权限时更有针对性。

c.信息权限管理功能。基于系统提供的管理功能，信息归属方可在用户端查看已上传至数字创意产业联盟链内的信息。通过系统提供的管理接口，信息归属方可以删除其上传的信息或更改已储存的访问控制权限设置，删除信息数据或权限开放设置后，系统内将无法再搜索查询到有关信息，因而信息访问请求方也无法再对该信息发起请求。

d.设置信息访问控制策略功能。为了使信息访问权限授予的对象更清晰明确，信息归属方需在系统内为已上传的信息数据设置访问控制策略，系统会由输入的不同类型、属性信息生成不同的访问控制策略，每条信息访问控制策略都将明确规定访问权限赋予的要求，比如需要满足哪些类型、属性信息的信息访问请求方在什么情况下可以活动该信息数据的何种访问级别的共享权限，从而达到满足不同信息访问请求方访问请求的目的。

e.管理访问控制权限策略功能。由于数字创意产业联盟链内联盟企业的信息数据及权限授予情况会根据现实情况进行更新和修改，因而系统内的访问控制策略也需进行调整。信息归属方可以在系统内通过该功能对访问控制策略进行修改、添加、删除等操作，以便实时更新。

③信息访问请求方功能设计

信息访问控制系统对信息访问请求方提供用户注册与登录、信息数据查询、访问权限申请、管理已获取信息及权限等功能，详见图8-4。

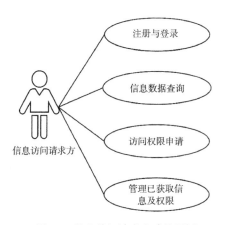

图8-4 信息访问请求方功能图例

a.用户注册与登录功能。与信息归属方的用户注册及登录功能类似的，信息访问请求方也需要在系统内进行用户注册，后续进行信息访问请求的各项操作时均需基于该用户号，且所有操作也都会在数字创意联盟链中留下记录。

b.信息数据查询功能。信息访问请求方可通过该功能在数字创意产业联盟链内根据信息的名称、类型等搜索查询需要访问的信息数据，找到后方可发起访问信息的权限申请。

c.访问权限申请功能。信息访问请求方需在申请访问权限时，在系统内输入自身的类型、属性信息，信息访问控制系统会将请求方的这些信息同其申请访问的信息数据已设置好的访问控制策略进行比对，系统通过信息核查后方可将该信息的访问权限授予信息访问请求方，如若系统对比信息与控制策略后没有通过审查则将反馈显示为属性错误信息。

d.管理已获取信息及权限功能。信息访问请求方可以通过该功能查看已获得的数字创意产业联盟内的信息数据及访问权限。当用户需要对已获得的某项信息数据进行查看或需使用某项访问权限时，可以直接由此处进行操作。部分信息的访问控制策略中授予的访问权限不是永久性的，而是以时间或次数进行发放，信息访问请求方用户可以通过本功能查看每项已获得的信息访问控制权限剩余值。

④监管方功能设计

信息访问控制系统对监管方提供注册与登录、信息数据查询及访问、管理已获取信息等功能，详见图8-5。

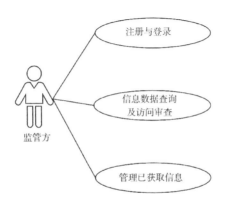

图8-5　监管方功能图例

a.注册及登录功能。监管方作为独立于数字创意产业联盟外的另一方监督主体，同样也需在访问系统内进行用户注册。对于监管方而言，注册步骤与联盟内主体有所区别，监管方需提供有力资料进行身份认证，并通过审核后才能完成注册，后续各项信息数据查询及访问等操作均基于该监管用户号。

b.信息数据查询及访问审查功能。与信息访问请求方相同的，监管方可以通过该功能查询数字创意产业联盟链内共享、交易相关信息数据。不同的是，监管方不用发起访问请求申请可以随时直接访问查看有关信息数据，并对这些信息数据进行审查，并检查该数字创意产业联盟是否有违规违法交易操作等。

c.管理已获取信息功能。监管方通过此功能可以查看管理已获得、已审查的数字创意产业联盟内信息数据。

2）网络端

数字创意产业联盟链内的信息访问控制系统中，网络端即基于联盟链搭建的网络层，主要负责连接用户端和数据端，并且联盟链属于系统逻辑处理的核心。本书中提出的数字创意产业联盟链选择超级账本作为联盟链网络构架平台，信息访问控制系统的网络端将智能合约技术嵌入联盟链内，以此对信息供需双方进行信息访问控制的逻辑关系判断。在访问控制策略中，根据信息归属方在系统内输入设定的访问约束条件，结合应用网络端的智能合约技术，使网络中逻辑判断更准确无误，保障用户端的权限授予和信息访问控制自动执行。网络端中需通过数字创意产业联盟链的智能合约进行逻辑判断的主要有四个功能模块：系统内用户端信息及权限管理功能模块、信息及功能请求功能模块、信息及权限授予功能模块、信息及权限使用功能模块。数字创意产业联盟链系统通过引入智能合约的应用使链内去中心化的信息共享访问控制决策实现的同时，可以避免产生单点故障而导致系统崩溃的情况，从而提高了数字创意产业联盟内访问控制的安全性可靠性。

除参与逻辑判断外，数字创意产业联盟链在网络端内还需负责储存用户端产生的各类信息、数据及记录，如信息归属方设置的访问控制策略，权限授予决策性结果记录，以及数字创意产业联盟在系统内进行信息共享过程中产生的数据。用户端内不同用户的信息及其拥有的用户权限信息情况、信息访问情况记录、权限使用情况都将在联盟链内进行存储。

3）数据端

数据端储存着数字创意产业联盟中所有共享的信息数据文件，当信息归属方需上传信息至用户端时，可以直接从数据端调取相应信息传输至用户端，不必再次输入数据，提高业务效率减小人为失误风险。数字创意产业联盟链内各企业节点间签订的各类合约信息数据也将储存于数据端内，数据端与用户端通过网络端形成连接互通，用户端的信息访问控制策略的设置需要基于数据端储存的合约条款数据，并以此为基础设置智能合约逻辑判断程序。

3.业务工作流程

信息访问控制系统针对数字创意产业联盟内信息共享访问的业务工作流程的设计需具备高效性、科学性、合理性，因为流程的设计直接决定了该系统对信息共享业务的处理效率情况，信息访问权限授予过程的合理情况等。本书将系统内信息共享访问流程分解为六个步骤，并由五个组件配合完成，详见图8-6。自信息归属方将信息上传至用户端开始到信息访问请求方申请获取授权，再到最终的访问方使用权限进行共享信息的访问，整个完整流程的每一次实施过程都需各功能模块及所有组件共同完成，将业务所有负荷分解至不同模块，每个模块各自承担相应业务步骤，达到降低单一组件负荷的目的，从而减少产生逻辑失误。

信息访问控制业务流程中各功能模块需要涉及的五个组件分别为：

（1）策略管理点（Policy Administration Point，PAP）

该组件负责生成并管理数字创意产业联盟内用户端不同信息数据的访问控制策略。PAP组件与用户端的管理访问控制权限策略功能模块息息相关，PAP组件会将同一信息数据相关的策略整合在一起形成一个策略集，使得相应功能模块提高业务工作效率。

（2）策略信息点（Policy Information Point，PIP）

PIP组件负责在信息访问请求方注册及发出权限申请的过程中收集相对应用户的属性信息；并需在请求方使用授权进行信息访问时，负责将信息归属方共享的信息根据其权限范围展示相应数据。

（3）策略执行点（Policy Enforcement Point，PEP）

策略执行点是信息访问控制流程中的执行者，当该组件作为接收方发挥作用时面向的对象为信息访问请求方，当该组件作为动作的执行方时，PEP组件面向的对象是PDP组件。

（4）策略决策点（Policy Decision Point，PDP）

策略决策点是系统内信息访问控制流程中权限授予及计算的核心组件。除此之外，在信息访问请求方发起申请后，PDP组件还需负责对其属性等信息进行审核，以防外部节点作恶。

（5）策略检查点（Policy Check Point，PCP）

该组件主要负责的工作是检查系统内访问控制策略的完备性，以保障访问控制策略的正确性和有效性，避免在信息共享业务工作流程中不因为策略自身问题发生错误造成损失。

信息访问控制系统进行数字创意产业联盟内的信息共享业务工作具体流程如下：

步骤一：信息归属方在用户端内，分别通过PIP组件及PAP组件的功能，完成共享信息数据的上传，并为该信息数据设置相应的访问控制策略，数据和策略都储存于数字创意产业联盟链网络端内。

步骤二：信息访问请求方登录后，在信息访问控制系统内搜索符合需求条件的信息数据，通过PEP组件发出对目标信息数据的访问权限的申请。

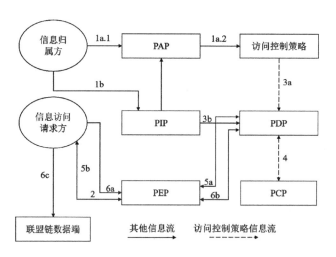

图8-6 系统业务流程图

步骤三：为了完成访问控制策略的比对确认，给智能合约进行逻辑判断创造条件，PDP组件需取得各信息数据对应的访问控制策略及发出申请的信息访问请求方自身的属性信息。

步骤四：PDP组件将上个步骤中获取的发出申请的信息访问请求方属性信息，与该数据的访问控制策略中事先设置的允许属性信息进行比对，通过智能合约中的程序完成逻辑判断，如比对审核通过，则需等候PCP组件对该信息数据的访问控制策略的正确性完整性进行核查，待核查通过后，将系统对该权限申请的决策结果传送至PEP组件。

步骤五：PEP组件负责接收PDP发送的权限申请决策结果，而后将访问控制策略中开放的对应权限反馈送至信息访问请求方，访问请求方以此为钥获得对应权限的信息数据。

步骤六：信息访问请求方获得信息数据后，需再向PEP组件发起信息访问使用申请，PEP会将该申请发送到PDP组件，由PDP组件结合智能合约中相应约束条款再次进行对比判断计算，再次确认信息访问请求方的属性信息及申请的信息对应访问权限无误后，PDP组将对PEP发回确认通过的决策结果，继而访问请求方可安全数字创意产业联盟链内访问共享的对应信息数据。

为保障数字创意产业联盟链内信息访问权限的安全不泄露，因此在信息共享业务工作全过程内，信息访问权限均只限于信息归属方、信息访问请求方及本条数字创意产业联盟链内发放及传送，以防作恶节点非法攻击联盟链，介入联盟内信息访问权限的发放流程（图8-7）。

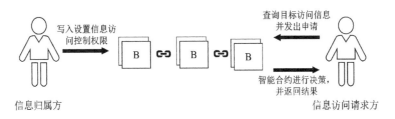

图8-7　访问控制权限流程图

4.智能合约的设计

信息访问控制系统中核心业务的逻辑控制均需由数字创意产业联盟链内嵌入的智能合约负责完成，链内核心业务如信息访问控制策略设置、信息数据的写入与访问读取、权限授予等操作的实现均与智能合约息息相关，因此在数字创意产业联盟链中智能合约的设计与嵌入至关重要。正确合理的条件设计、功能设计方可使智能合约更准确快速地完成信息共享相关业务逻辑判断，满足信息共享操作需求。

数字创意产业联盟内信息共享过程中系统内为各承担主要业务流程的逻辑处理的组件均分别设计了相应智能合约，如：PAP智能合约、PIP智能合约、PDP智能合约、PEP智能合约、PCP智能合约。各不同智能合约大致功能及其所涉及的函数情况如下：

（1）PAP智能合约

智能合约主要为信息归属方在信息共享访问控制策略中提供预先设置、更改及管理等功能，因此PAP智能合约函数及功能设计情况如表8-1所示：

PAP智能合约函数及功能设计　　　　表8-1

函数名称	对象	功能设计	操作情况
AddPolicy	信息归属方	将信息共享访问控制策略写入数字创意产业联盟链中	写数据
SearchPolicy	信息归属方	由各信息数据ID进行对应已设置的访问控制策略的搜索	读数据
DeletePolicy	信息归属方	依据访问控制策略的唯一标识符对其进行删除操作	写数据

（2）PIP智能合约

主要负责为信息归属方的信息数据提供上传写入、修改管理、删除等功能，并为信息归属方在数字创意产业联盟链内提供用户身份注册功能，PIP智能合约函数及功能设计情况如表8-2所示：

PIP智能合约函数及功能设计 表8-2

函数名称	对象	功能设计	操作情况
AddResource	信息归属方	信息归属方进行信息数据的上传	写数据
DeleteResource	信息归属方	信息归属方通过本函数对已上传的信息进行删除操作	写数据
FindResourceBy Res_ID	信息访问请求方	信息访问请求方依据信息数据的ID,通过本函数进行查找	读数据
FindOwnRes	信息归属方	信息归属方根据自己的用户ID,通过本函数可以查找自己已上传至链的所有信息数据以便管理	读数据
UserRegister	信息归属方、信息访问请求方	通过该函数在数字创意产业联盟链内注册各用户信息	写数据

（3）PDP智能合约

该智能合约主要负责的是信息访问请求方的身份信息、授权情况是否满足其申请访问的信息的访问控制策略，PDP智能合约函数及功能设计情况如表8-3所示：

PDP智能合约函数及功能设计 表8-3

函数名称	对象	功能设计	操作情况
MatchPolicy	信息访问请求方	通过本函数将信息访问请求方的身份属性信息等与对应访问控制策略中设置要求对比	读数据
ShowCanUse	信息访问请求方	通过该函数可以查询该信息访问请求方的已授权信息数据	读数据

（4）PEP智能合约

该智能合约是为其他业务节点的智能合约之间进行接收其传递的判断结果，再据此执行对应操作，PEP智能合约函数及功能设计如表8-4所示：

PEP智能合约函数及功能设计 表8-4

函数名称	对象	功能设计	操作情况
GetPermission	信息访问请求方	待PCP合约对信息访问控制策略的完整性准确性进行检查后，该函数将信息数据对请求方开放	写数据
UseResource	信息访问请求方	通过该函数再次确认请求方是否对所申请的信息数据有访问共享权限	读数据

（5）PCP智能合约

PCP智能合约主要负责对信息访问控制策略的完整性、正确性等进行检查及审核，再将判断结果传输至PEP智能合约，PCP智能合约函数及功能设计情况如表8-5所示：

PCP智能合约函数及功能设计   表8-5

函数名称	对象	功能设计	操作情况
AddKey	信息共享访问控制策略	在访问控制策略中上传密钥与唯一的标识符	写数据
CheckPolicy	GetPermission 函数	验证密钥正确与否，利用该函数可以检验该访问策略是否完整无误且合理等	读数据

数字创意产业联盟链内联盟企业间通过以上智能合约的设计提供的各项功能，更高效准确的开展联盟链内信息共享业务，保证信息数据在联盟内流转，降低成员间的信任风险，并大大提高了数字创意产业联盟链整体经济效益。

8.3 基于智能合约的数字创意产业联盟链信息共享系统的实现

1.数字创意产业联盟链系统网络层的实现

区块链底层是一个P2P网络，首先，根据联盟内部的用户成员信息，定义一个多节点的网络拓扑结构，包括信息归属方、信息访问请求方以及网络中的各样业务，这里的业务是指联盟链中两个或更多企业组织之间的信息共享业务。

（1）搭建超级账本平台运行网络环境

超级账本这一项目来源于Linux基金会，该平台可以较好的支持常见的不同种类的Linux操作系统。本书采用其中的Ubuntu系统当做平台运行的基层系统，其运行网络环境搭建流程如图8-8所示[122]。

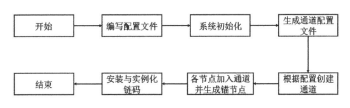

图8-8 超级账本运行网络环境搭建流程

以下为超级账本平台环境详细搭建流程：

1）首先要通过运用平台内的配置文件，来描述共识算法、组织、节点等内容，其中要利用的配置文件主要有以下几种：

①cryto-config.yaml：该配置文件主要是为平台内组织及节点详细参数信息的设置提供作用，例如账户地址参数、组织的名称等。

②configtx.yaml：该配置文件主要是为平台内通道配置、认证证书储存目录和各组织锚节点等的设置提供支持。

③core.yaml：该配置文件主要是为平台内的智能合约储存地址、交易间隔时长等内容的设置提供支持。

④orderer.yaml：该配置文件主要是为平台内的账本信息储存地址、排序节点等设置时提供支持。

2）当配置文件的运用相关操作结束后，该平台会按照这些配置文件内的设置对运行环境进行初步搭设。最开始需要创建 Genesis block 创世区块，该区块主要负责的是 Peer 节点和 Orderer 节点信息的记录工作。

3）随后超级账本平台将按照以上配置文件中的信息，给通道建立一个 channel.tx 二进制文件，在该文件中涵盖通道配置信息数据。除此之外，平台还会按照该二进制文件中的描述，创建出对应的通道为节点间沟通提供支持。

4）在创建通道完成之后，平台系统会按照配置文件的要求使节点连接上通道，并且获取文件中关于组织和通道个数的预设情况，随后在各通道中给所有组织均创建一个相匹配的锚节点，以此为各组织提供交流通信工具，实现平台内联盟链系统初步环境搭建。

5）在数字创意产业联盟链系统环境初步搭建完成之后，后续还要进一步完成智能合约的安装与实例化工作，完成这些操作后智能合约方可被调至外部执行各项任务。链码（即智能合约）的详细安装过程如下：①在安装超级账本的文件夹目录下放置一份已经编完的链码的副本；②在执行安装命令的同时，对链码进行签署及打包，将其安装于超级账本平台的数字创意产业联盟链系统中各 Peer 节点处；③系统内所有 Peer 节点均可对链码进行实例化操作，同时可执行相关背书策略。当对链码执行了实例化操作之后，系统内全部相同类型的身份节点都能调用链码。除此之外，修改链码后只需对新链码进行升级更新就可以使得该链码重新生效，无需再次重复链码实例化操作，减少重复操作，提高效率，其升级与安装的执行过程一致，可参考安装过程进行升级。

（2）智能合约的实现

智能合约在超级账本平台中称作链码。链码根据各种各样的业务需要可以细分成系统链码及用户链码两类。

其中用户链码主要是根据联盟区块链系统内的应用场景编成的，同时用户链码也是相关应用场景的开发员管理链内账本状态的前提工作。相关开发员将通过联盟区块链平台的接入口和账本完成交互操作。如今用户链码相对广泛使用的编写语言主要是Java、Golang、JavaScripts等，本书选取的是Golang开发语言进行链码开发工作。

而系统链码主要是关于超级账本中平台维度需要涉及的链码开发，几乎都是针对节点本身提供服务的，比如关于交易信息验证、节点背书、传送通道设置等。与用户链码不同的是系统链码只能利用Golang语言进行编写开发，当节点某操作启动后对应链码将自动展开安装及执行工作。涉及的链码是管理员将其部署至系统网络的相应节点处的，后续将位于互相独立的Docker容器中执行操作，而链内各节点间将以gRPC协议为基础进行通信联络。关于针对链码的全生命周期管控则基本涵盖了链码的安装、修改、实例化、启动、升级和终止等内容。

数字创意产业信息共享系统采取Golang语言进行访问控制链码的编写开发，通过修改升级完善后，链码能够自动高效的实施联盟链内信息访问控制整个过程，该套链码开发采取的超级账本平台官方函数接口如表8-6所示，该套链码将依靠以下函数完成信息数据在平台内的操作。

超级账本平台官方函数接口表 表 8-6

接口名称	接口的功能说明	数据操作
PutState	可以更新及存储键值对	写操作
GetState	通过规定键名在状态库内搜索键值对	读操作
DelState	可以在状态库内删掉某指定键值对	写操作
GetHistoryForKey	可以搜索规定键名值的过往修订记录	读操作

根据智能合约之间的逻辑关系、函数功能的设计、对数据的读写要求，编写并实现对应的智能合约功能，主要函数的功能阐述如下：

PAP合约内得到Policy类型的访问控制策略相关信息数据之后，AddPolicy函数最先会根据属性搜索确定该信息存在与否，如果没有该信息数据，就表示信息归属方目前已经取消该信息数据的共享，这时会利用函数反馈显示错误界面且阻止接下来的操作发生，以此避免产生没用的信息访问控制策略而浪费可用储存空间；如果链上有该信息，那么表示这个信息数据是有效且能被共享的，此时相应函数将依据信息数据的ID为键，用Policy类型中预设的信息访问控制策略为值，把对应信息数据输送到超级账本中，这个函数的操作的详细过程见附录11。

PIP合约内由AddResource函数负责把数字创意产业联盟中各企业的可共享信息的访问授权写入联盟链内。为了避免由于人为误差而造成的信息数据上传错误或重复等情况发生，这个函数会在上传信息前先确定相同的信息数据是不是已经存在了。如果已有相同信息数据就表示已经上传过了因此不必再次上传，该函数会组织下一步操作的执行；如果链内不存在相同的信息数据那么就能在平台系统内有效的上传该信息数据，上传包含该用户的ID数据、上传信息段的属性、信息段的种类、信息段的ID四种相关参数信息。该函数会把以上信息参数整合后进行打包，形成json字符串，然后利用Putstate函数将这个字符串上传到数字创意产业联盟上，同时写入该信息数据其他相关的内容，详细过程见附录12。

PDP合约内关于信息访问控制的核心是MatchPolicy函数。因为不同信息数据相对应的信息访问控制策略是呈集合形态的，而集合内涵盖数字创意产业联盟链内一系列信息访问控制策略，所以当MatchPolicy函数获得访问控制策略对应相关参数信息后，会利用超级账本平台自身的GetHistoryForKey函数搜索找寻出对应的访问控制策略集合，随后根据访问控制策略中预先设置的授权要求与信息访问请求方的属性一一对比，再将两者对比匹配情况传输到PCP合约中的CheckPolicy函数处，详细过程见附录13。

PCP合约中的CheckPolicy函数主要负责查验数字创意产业联盟链内设置的访问控制策略的完善程度。如果相关函数回送的MatchResult值的结果是deny，那么就表示该信息访问请求方的属性信息与策略中预设的条件不一致，因此函数会发出错误结果阻止下一步操作；如果函数返回的结果值是allow，那么就表示该信息访问请求方通过了策略中预设的对比条件，接下来需再次确认策略的完整性，即为了确认该策略得出的结果能否可靠。第一步先要根据各个待确认的访问控制策略创建相应的MD5加密的临时密钥，后续将通过GetHistoryForKey函数利用独一无二的标识符把该访问控制策略的密钥找出来，随后展开策略完备性确认工作。如果检查出不完备，那么就代表该策略中预设有误，因此之前该策略做出的判断视为作废且该策略也作废；如果检查出的结果显示策略是完整正确的，那么就代表这个访问控制策略是合理有效的，则会返回true的结果，且会把判断的结果传送到PEP合约内的GetPermission函数，这个函数主要需要进行信息访问请求方的访问权授予相关工作。以上详细的流程见附录14。

（3）超级账本平台和客户端的连接流程

当在平台内搭建完联盟链系统网络环境后，需要把未来交易及其他操作中，会用到的智能合约布置到联盟链系统内。最终，还需要使客户端用户预设的访问控制策略和其相匹配的智能合约的内容进行交互确认，本书采用的是平台官方发布的发展情况最完备的fabric-sdk-node。具体信息交互流程如下：

1）最开始的一步是建立新的Fabric-CA客户端，随后需将其进行实例化，为了利于节点管理，需要把联盟链内各企业成员节点用CA的身份储存在平台内。成员节点借助CA在链内注册管理员身份，同时在系统内创建一个存储管理员信息的钱包。上述步骤可以通过Nodejs编写完成的文件EnrollAdmin.js得以实现。

2）利用注册成功的管理员信息再注册一个普通用户，后续可以把用户信息导至钱包内，这一步骤可以通过Nodejs编写完成的文件Registeruser.js来实现。

3）登录普通用户后与Peer节点连接起来，就可以进到对应节点处在的通道中，随后可以获得部署完成的智能合约，所有步骤结束后，联盟链系统的应用层就能调用智能合约了。

2.数字创意产业联盟链系统用户层的实现

数字创意产业联盟链系统的客户端是用户层实际操作的界面，相当于是用户层直接体现输出的地方。平台与用户层一般都是基于Nodejs的fabric-sdk-node工具来完成信息交互的。本书采用的是基于Nodejs的Web开发框架koa2来创立联盟链的客户端，以保障联盟链内各项交易的兼容性和高效性。因为koa2是一款轻型高效、语法简洁的Web框架，同时其集成了MySQL等常用的数据库，减少了重新配置和数据库的工作，提高了系统运作的效率。除此之外，选择layui框架来搭建客户端的界面，因为该框架属于轻量化、模块化的框架之一，能够在展示时提供多种多样的插件和页面模板。

用户层客户端的详细业务流程见图8-9显示。

以下为详细业务流程的阐述：

（1）在layui框架中创建的用户界面上，用户节点可以按实际情况提出自己的请求，用户提出请求后，界面会将该操作信息发送到koa2内的组件server（可以收到外部信息）；server组件收到该操作信息后，首先会进行整合处理，随后将其转发到route组件处。当route组件接收到信息后，将按照信息中的请求内容对controller组件发出申请调用相关函数，以上是用户层客户端界面发出请求及请求响应的流程。

（2）当控制组件controller获得用户发出的请求消息后，首先需要搜寻与需求

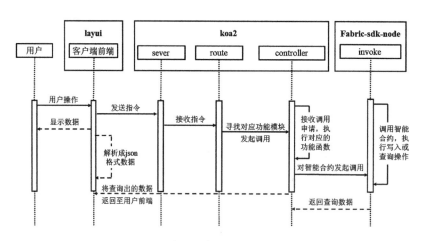

图8-9 用户层客户端详细业务流程图

匹配的功能函数并进行调用，随后对fabric-sdk-node发出链码调用申请，在成功调用到目标智能合约后，就能进行数据读取与写入的下一步操作了。

（3）利用fabric-sdk-node可以把通过链码搜索到的信息反馈到koa2的controller组件中，随后controller组件再把该信息转发到客户端界面处，通过layui把json格式的字符串分解后显示在用户界面上。

用户层的客户端主要是为用户节点提供服务的，因此全部有关操作均由用户节点发送，而客户端必须验证操作节点的身份信息。由此用户节点身份信息写入需进行规范，本书采用的用户节点身份设计规定表见表8-7所示。其中值得注意的是，用户节点身份信息中的ID地址及名称属于核心信息，用户注册之时联盟链就会把其身份信息备份到MySQL数据库，并且会调用UserRegister函数，利用该函数将用户信息写入传至联盟链内。

用户身份设计规定表   **表8-7**

字段的名称	字段的类型	字段的约束	字段的描述
UserID	Int	主键	用户唯一的身份标识
UserName	Varchar(20)	非空	用户名
Password	Varchar(20)	非空	密码

（4）信息归属方功能的实现

信息归属方的功能是能够实现数字创意产业联盟共享信息的访问控制权等信息数据及资源管理需求，因此与信息归属方相关的功能模块主要涉及信息数据及资源管理，这个功能模块主要负责的内容是：信息数据的写入上传，信息数据的管理和信息访问控制策略有关的预设及修改等。

1）上传资源功能的实现：信息归属方会把信息数据的ID、资源名称、资源种类、资源备注等相关信息输入客户端，从而将共享资源的相关信息上传至系统中。具体实现过程为：联盟链系统把信息数据进行排序后利用fabric-sdk-node调动函数AddResource，并运用该函数的功能把信息数据写入上传到联盟链系统内。

2）信息数据及资源管理功能：该模块主要负责的工作是：管理数字创意产业联盟链内的信息及其他资源。如果某信息归属方选择不再继续共享某信息，那么联盟链系统会通过该模块调动DeleteResource函数，以此把链内该信息相关数据及访问控制策略均进行删除，该信息被删除后，信息访问请求方将无法通过系统获取到该信息的相关数据。

3）设置访问控制策略功能：信息归属方输入请求者、信息或资源ID、使用密钥、可共享的数据资源简介、所授权限、使用次数、访问时间范围、访问位置范围、访问设备限制等生成访问控制策略的必需信息，系统将这些访问控制策略信息通过AddPolicy函数写入超级账本中，在这个过程中，隶属于同一共享数据资源的访问控制策略会形成一个策略集。

4）管理访问控制策略功能：信息归属方不再将资源对某些信息访问请求方开放时，系统通过DeletePolicy函数删除该资源下的对应的访问控制策略。此后，这些信息访问请求方将无法再获得该资源。

（5）信息访问请求方功能的实现

在系统中，信息访问请求方的主要需求是能够在自身权限范围内能够访问、获得和使用信息资源，因此在这个过程中，系统通过信息访问请求模块、访问权限授予模块和资源使用模块这三个模块实现信息访问请求方对资源信息的查找、申请和使用等操作。

1）信息访问请求模块

这个模块主要用于实现资源信息的查找，具体的工作原理如下：信息访问请求方输入需要申请的资源ID，系统通过FindResourceByRes-ID函数查找与之对应的资源信息，并显示资源的有关信息。

2）访问权限授予模块

数字创意产业联盟链的信息访问申请功能是信息访问请求方在访问资源这一过程中的核心功能，该功能的主要作用是接收信息访问请求方的访问申请，并核对其是否具有信息访问权限。该模块的工作原理如下：信息访问请求方登录系统，在信息访问时输入自身的属性信息，发起对资源的申请。系统接收到申请后，调用PDP合约中的MatchPolicy函数进行访问控制策略匹配计算，若匹配策略成功之后，代表信息访问请求方通过基于智能合约层面的访问控制策略，接着便进入密文属性加密技术的访问控制层，若其属性满足策略树，则可实现解密，获取数据。

3. 系统数据层的实现

信息数据资源（即元数据包）直接储存在区块链中，而信息数据资源储存在分布式的云储存中心，因此，这部分功能的实现不在此赘述。

8.4 基于智能合约的数字创意产业链信息共享系统的应用场景与性能测试

1. 智能合约的应用场景

本书基于区块链智能合约的数字创意产业信息共享系统，本质上就是在超级账本平台上的一个去中心化应用，该系统具体涉及的应用场景主要应用于信息数据的共享。此平台上将数据资产借助云储存技术和区块链进行储存和传输，区块链的去中心化储存、基于密码学的属性基加密等技术能够保证传输数据的安全性和不可伪造性，此外智能合约技术的应用使数据的访问变得更加的便捷和高效。在这个平台上数字创意产业联盟内主要的共享信息包括：

（1）数字创意产业联盟内共享需求信息

信息交换要求实现跨越式传递，即在整条数字创意产业链上共享电影院、书店、动漫城等下游直接接触消费者的节点所有的销售信息。这样数字创意产业链上的其他企业成员即可借助共享销售数据来分析销售趋势、客户需求和客户分布等，从而帮助中上游企业有针对性地制定企业的发展战略，在最大限度地满足市场需求的同时，也在促进数字创意产业整体向良性循环的方向发展。

（2）数字创意产业联盟内共享产品信息

数字创意产业联盟链的信息共享中最根本的一项内容就是进行创意产品信息的共享，这项内容是联盟链上下游企业之间联系的核心要素。唯有当联盟链上下游企业都能清晰了解对方的产品或服务的详细信息时，联盟内才可以根据产品信息做出具有针对性的发展策略。基于产品信息的有效共享后，可以促进数字创意产业共享机制的形成，进一步推进联盟链内各企业间稳定合作关系的建立，从而加快优化联盟链合作构架。

（3）数字创意产业联盟内共享生产信息

数字创意产业联盟链连接着数字创意产业上中下游大量的企业，包括数字设备供应商、创意文化设计公司、动漫产品销售公司等。联盟链内任何企业的经济、产量或其他情况产生变化后，均有可能会影响联盟链内其他同盟企业，进而影响整个联盟的经济效益。因此，数字创意产业联盟内的下游企业必须要取得其他同盟企业的生产信息情况，方能准确做出决策。共享生产信息可以提高产业链上各相关节点企业的沟通效率，降低相关企业因信息不对称所产生的成本。

联盟链内通过信息共享行为可以使得链上的所有企业节点间得到信息交换、互补，一起预判将来数字创意产业市场变化趋势，及消费市场需求情况，以联盟为单位进行预测使得判断结果更正确、快速和全面，使节点企业以及数字创意产业整体的利益最大化。

2. 系统环境配置

由于外部硬件设施的局限性，本书采用单机多节点的方式部署超级账本，各相应的模块在Docker容器中运行，实验测试的硬件配置如表8-8所示，软件配置如表8-9所示。

硬件配置表   表8-8

硬件配置	元件详细信息
CPU	Intel®coreTM i7，3.2Ghz
运行内存配置	8G

软件配置表   表8-9

软件的配置	软件的详细信息
OS	Ubuntu 18.04
Docker	V19.03.6
Docker-Compose	V1.23.2
Golang	V1.13.8
Hyperleder Fabric	V1.4.4

3.功能测试

智能合约内的相关函数能随时如常被调用并处理交易，是评判联盟链运转正常的关键要素，因为正常的智能合约环境一定程度上可以展现联盟链系统的可用性。所以在联盟链被启动前都必须完成性能检测，本书选择用编写和执行invok.js文件的检测方式进行性能测试，执行该文件后，写入参数信息且调取对应的智能合约，查看该智能合约能不能常规运行。在整个性能检测过程中，将合约作为基础单位，合约内涵盖各类函数间的关联关系。例如PAP合约功能测试如表8-10所示。

PAP合约功能测试表　　　　　　　　　　表8-10

合约内的函数名	检测的目的	检测输出情况	检测结果
Addpolicy 函数	是不是可以把访问控制策略上传到联盟链中	函数实现调用，输出成功，并可以增添访问控制策略内的信息	通过
SearchPolicy 函数	是不是可以按照信息ID查找这个信息对应的访问控制策略	输出该信息对应的全部访问控制策略	通过
DeletePolicy 函数	是不是可以通过访问控制策略的唯一标识符删掉这个策略	该访问控制策略删除成功，再次搜索时显示为空	通过

PIP合约功能测试如表8-11所示，函数功能正常。

PIP合约功能测试表　　　　　　　　　　表8-11

合约内的函数名	检测的目的	检测输出情况	检测结果
AddResource 函数	是不是能上传信息数据	显示增添信息成功，那么就证明该信息已写入联盟链	通过
DeleteResource 函数	是不是可以删掉已上传的信息	完成删除操作后，在有关访问控制策略内信息显示为空	通过
FindResourceByRes_ID 函数	是不是可以按照信息ID，搜索该信息的关联数据	顺利搜索到对应的信息数据	通过
FindOwnRes 函数	是不是能按照用户ID搜索该用户已上传的信息数据	完成搜索操作后，搜索结果内可以显示该用户所有已上传的信息	通过
UserRedister 函数	可不可以在联盟链系统内写入用户身份信息	操作完成后，显示用户身份信息增添成功	通过

PDP合约功能测试如表8-12所示，函数功能正常。

PDP合约功能测试表　　　　　　　　　　　　　　表8-12

合约内的函数名	检测的目的	检测输出情况	检测结果
MatchPolicy函数	可不可以比对信息访问请求方的身份信息和访问控制策略中预设要求	可以在后台输出显示比较及决策的结果	通过
ShowCanUse函数	可不可以搜索某用户已被授权的信息	可以在后台输出显示该用户已被授权的所有信息	通过

PEP合约功能测试如表8-13所示，函数功能正常。

PEP合约功能测试表　　　　　　　　　　　　　　表8-13

链码	检测的目的	检测输出情况	检测结果
GetPermission	向信息访问请求方授予相应权限	操作后显示已授权成功	通过
UseResource	检查某用户的已授权信息内是不是包括某个信息	搜索操作后，可以显示用户已授权的信息列表	通过

PCP合约功能测试如表8-14所示，函数功能正常。

PCP合约功能测试表　　　　　　　　　　　　　　表8-14

链码	检测的目的	检测输出情况	检测结果
AddKey	可不可以给访问控制策略增添唯一的标识符及密钥	操作后发现各访问控制策略均拥有一个密钥对	通过
CheckPolicy	可不可以进行密钥比较，同时检验访问控制策略的完整情况及正确性	可以在后台显示密钥对比结果，而且可以把该结果传送到GetPermission函数处	通过

4.性能测试及结果分析

　　性能测试旨在检验超级账本的访问效率能否满足系统的设计要求，本书中选择的智能合约性能检测工具是hyperledger caliper，其中采用的检测方式是：分别对平台同时发送不同次数的访问申请，预设同时发送的请求次数分别是：50、100、500及1000次，而检测过程中设置的请求种类是"写入"和"查询"两种。基于同时发送请求的次数不同的情况下，通过观察两者的测试结果，做出性能分析。"写入"数据函数性能测试如图8-10所示。

　　在"写入"数据函数的性能测试方面，吞吐量性能测试如图8-10（a）所示，从图中的数据显示可以看到，随着并发访问次数的增加，写入数据时系统的吞吐量依然保持在70TPS及以上，基本呈现一个较为平稳的走向。从图8-10（b）平均延迟测试中的实验数据可以看出，在50～100并发访问次数区间，延迟有所增加，但随着并发访问次数的逐渐增多，平均延迟逐渐下降，维持在0.3s及以下的水平。

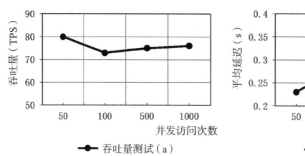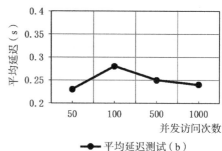

图8-10 写入数据函数性能测试

当在链内上传了新信息之后，客户端首先是需要把该信息打包形成新交易，同时将该信息发送至普通节点中选出的背书节点处，当所有背书节点均确认通过后，在该消息上进行签名并模拟执行，随后背书节点需将该执行结果打包反馈到客户端。客户端接收成功后，需把该信息块与模拟执行结果打包转发给排序节点，而后排序节点检查背书节点签名确认无误之后，会把该信息块整理排序创建新区块，并把该区块发送给提交节点。在提交节点检查排序情况确认无误后，就会把这个新区块写入至联盟链系统内。每个信息数据的"写入"过程全都需要经历上述流程，周而复始，因此信息的"写入"过程中的平均延迟与吞吐量都将被函数性能影响，从而呈现出性能测试图中的数据结果，但从结果显示来看，其波动区间仍在可以接受的范围内，能够满足应用场景的要求。

"查询"数据函数性能测试如图8-11所示。

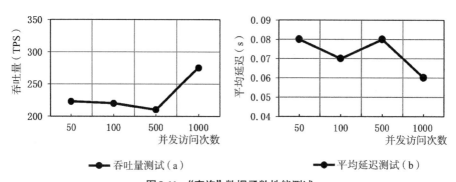

图8-11 "查询"数据函数性能测试

在"查询"数据函数的性能测试方面，结合吞吐量测试图8-11（a）和平均延迟测试图8-11（b）中的数据显示可以看到，在并发访问次数50至500区间内，吞吐量在维持平稳状态过程中有些许下降，而平均延迟则是在0.07～0.08s区间内波动，但随着并发访问次数的持续增长，其吞吐量也逐步增长，平均延迟逐渐下降至0.07s及以下，处于可接受的范围内。出现这种波动的原因是系统中所涉及的控制策略信息量较大，而不同的访问控制策略之间相互独立，当同时访问多个资源时需要调用多种不同的访问控制策略，这会增大系统的运算量，从而影响查询数据的处理性能。

两组实验说明基于智能合约的数字创意产业联盟链信息共享系统具有较好的数据写入性能，可以承受较大规模的使用请求；数据查询的性能稍差，但是设置了更细粒度的访问控制策略，在一定程度上提高了访问控制策略的安全性。

本章小结

本章从网络层、用户层和数据层三个方面介绍基于智能合约技术的数字创意产业信息共享系统的设计与实现过程，并通过相应的实验进行了系统的功能测试与性能检测，结果显示系统能够为用户提供实际的服务。

第**9**章

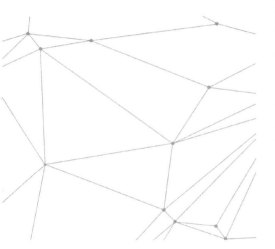

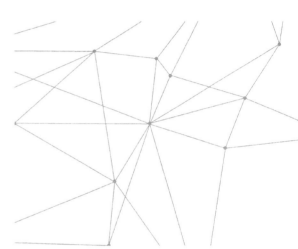

数字创意产业未来发展
趋势与信息共享

9.1 数字创意产业未来的发展变化

1.宏观政策视角下的数字创意产业发展趋势

数字创意产业是一种传统文化创意产业与新兴数字化技术相结合形成的新兴产业，从宏观政策来看，国家高度重视数字创意产业的发展。2021年，《中华人民共和国国民经济和社会发展第十四个五年规划和2035年远景目标纲要》(以下简称《十四五规划纲要》)将"加速数字化发展，建设数字中国"单独成篇，并明确指出要实施文化产业数字化战略，加快发展新型文化企业、文化业态、文化消费模式，壮大数字创意、网络视听、数字出版、数字娱乐、线上演播等产业。

习近平总书记高度重视"十四五"时期文化产业的发展，充分肯定了文化产业作为满足人民日益增长的多样化和高品位文化消费需求的重要性[123]。《"十四五"文化产业发展规划》(以下简称《规划》)主要体现在以下几个方面。

(1)把创新作为文化产业的第一发展动力

"创新是引领发展的第一生产力。"《规划》第二章将"推动文化产业创新发展"作为重要一章，明确了文化产业未来发展的助推机制，印证了当前"文化与科技深度融合"的前进方向。主要特点体现在以下几点：

1)打造新型的文化业态。在产业发展端，《规划》指出要"顺应数字产业化和产业数字化的发展趋势，深度应用5G、大数据、云计算、人工智能、超高清、物联网、虚拟现实、增强现实等技术，推动数字文化产业高质量发展，培育壮大线上演播、数字创意、数字艺术、数字娱乐、沉浸式体验等新型文化业态。"新技术不断发展的过程为文化产业数字化进程所带来的最为显著的作用和效应便是"新旧业态"的交替，即传统文化行业将面临数字转型，原有的文化产业边界将变得模糊形成新兴的数字文化产业。自新冠肺炎疫情在全球发生以来，线下业务的开展越发困难，许多传统的文化业态被迫进行数字化转型，开展线上业务，由此催生了"云观展、云赏景、云演艺"等一系列消费者以前只能线下参与的文化活动。

在技术应用端，《规划》强调要强化科技在演艺、娱乐、工艺美术、文化会展等传统文化行业中的应用，促进文化资源数字化转化和开发利用，推进与数字技术的新形式新要素结合，让优秀文化资源借助数字技术"活起来"。例如2019年由中共北京市委宣传部和故宫博物院联合举办的"紫禁城上元之夜"大型灯光秀，其深度运用了激光投影技术将"元宵赏灯"文化习俗和"故宫"实体文物相结合，以创新性的宣传方式，多层次展示和解读优秀传统文化的深厚内涵，是传统文化产业数字化创新非常成功的一次尝试。

在创作端，数字经济背景下《规划》指出要鼓励和支持文艺院团、文艺工作者、非物质文化遗产继承人等创作者紧跟"产业数字化"的发展趋势，不应仅仅局限于线下观展体验、实体产品售卖、创意广告设计等传统文化发展方式，而是需要掌握并利用互联网大数据、区块链、虚拟现实、AI特效等技术在流量分成、场景打造、IP授权等新领域开展新型业务形式，将文化带入寻常百姓家，促进戏曲、曲艺、民乐等传统艺术线上发展的新型宣传方式。

2）加强文化科技创新和应用。在文化科技的创新发展方面，《规划》从学科融合的角度出发提出文化科技的创新发展不应只局限于"信息通信技术"这一个领域，还应关注"生命科学、材料科学"等其他融合学科中较为前沿的领域，这深刻展示了"以人为本"的发展理念。从本质上讲文化内容的创作方和消费方都是"人"，因此在制定产业发展政策时，更应重点考虑"人"在文化产业发展过程中所扮演的角色和所产生的作用。从这个角度出发便可以通过掌握消费者的需求，从而反哺文化产品的开发，影剧院的数字化转型，以及数字化设备与创意内容的有机结合，形成良性的产学研融合与互补体系，为文化产业的发展提供有力的科技支撑。

3）构建创新发展生态体系。文化产业的发展要着眼于未来，布局于未来，从整个产业生态的角度去规划文化产业的发展方向，"十四五"规划中明确指出"围绕产业链部署创新链，围绕创新链布局产业链，推动文化产业要素合理集聚，促进创新链高效服务产业链，实现创新成果快速转化应用，推进产业基础高级化、产业链现代化。"其中包括了提升文化装备水平、完善文化企业孵化器、互联网创业与交易平台等文化产业创新创业的载体建设，构建一套完整的服务于文化产业创新发展的生态体系。

（2）促进供需两端结构优化升级

为了深刻理解和响应我国"加快构建以国内大循环为主体、国内国际双循环相互促进"的新发展格局，《规划》将"促进供需两端结构优化升级"单独设置为一个篇章，深度融合了"扩大内需"和"推进供给侧结构性改革"这两大战略，并明确了要实现"以高质量供给引领和创造新需求，以需求变化引领供给体系和结构升级"的更高水平的动态平衡。

1）从供需两端优化文化产业发展格局。经济循环的畅通是构建新发展格局的应有之义，而促进供需两端结构的优化和升级，最终目的就是要打通文化产业供给端和消费端相互连接的通道，从而形成抗风险能力极强的国内文化产业市场，保障良好的国内经济循环。从产品供给端角度出发，《规划》指出紧紧把握以人民为中心的创作生产导向，紧密围绕满足人民群众不断更新的文化消费需求这个中心点，为音乐、动漫和创意设计等文化产业的创作与生产指引方向，并推出更多借助互联网、客户端和手机移动端等载体而使用的数字文化产品。从产品需求端的角度出发，《规划》指出要牢牢把握"扩大内需"这个战略基点，把扩大城乡居民的文化消费需求和水平作为发展核心，制定一系列致力于提升城乡居民文化消费环境，激励城乡居民文化消费的政策和措施，进一步挖掘国民文化消费的潜力，以消费需求的变化引领供给体系和结构的优化升级。

2）扩大优质文化产品供给。文化产品的供给质量是促进供需两端进行结构性改革的重要支撑。《规划》高度重视对于文化产品供给质量的提升，并通过专栏的形式明确了对于提升动漫、影视、创意设计等相关文化行业文化产品质量的发展目标和路径，具体体现为：一是明确了如何定义优质文化产品这一概念；二是强调了原创设计在文化产品供给质量中的重要地位；三是提出了优质文化产品应具有的民族特色，即优秀传统文化与现代时尚元素的有机结合。

3）畅通文化产品传播途径。文创产品在市场上的顺畅流通是促进文创产业发展的重要激励因素。《规划》强调了文化电子商务及电子票务、演出院线等现代流通组织和流通形式对于文化产品传播的支撑作用，并指出应发挥各类信息网络平台的文化传播作用，提升文化产品传播数字化、网络化水平。

4）进一步释放文化消费潜力。进一步释放文化消费潜力，刺激人民的文化消费需求，是文化产业进行供给两端结构优化升级的路径选择。而释放文化消费潜力的方式在于改善文化消费环境和完善人民文化消费激励政策两者之间的有机配合。在改善文化消费环境方面，《规划》着重强调了建设示范城市、发展新型文化消费模式和实施消费引导等方式。在完善人民文化消费激励政策方面，《规划》主要提出了支持现有文化消费场所的改造升级、规范文化消费市场以及推行线上消费等政策，为改善文化消费环境提供了有力的政策支撑。

从《规划》对于文化产业的发展方向指引不难看出，在"十四五"期间，数字经济的作用和地位将持续提升，数字经济将成为今后经济高速增长的重要源泉，是促进文化创意产业与其他产业融合发展的重要载体，是维护和提升全球产业分工体系稳定性、安全性和可靠性的重要依托。随着区块链、人工智能、大数据中心、工业互联网、云计算等"新基建"的加快布局和突破应用，供需结构优化升级，数字创意产业也将乘着信息技术爆发的机遇催生出融合了优秀民族文化的新型数字化产品和服务类型。

2.行业视角下的数字创意产业未来发展

从行业发展的视角来看，近代以来工业革命为美英等西方发达国家带来了高速发展的国家机遇，这些国家也因此积累了大量的知识产权、高新科学技术以及资本等优势，使得其牢牢占据数字创意产业全球产业链中的顶端位置。发展中国家凭借强大生产制造能力为数字创意产业全球产业链的运转提供了不可忽视的作用，然而却只能分配到极低的价值。要想突破这种困境就必须着力发展数字化技术和装备，提高文化创意产品或服务的质量，优化产业资源配置，从而推动数字创意产业完成转型升级，向全球产业链的高端进发。我国随着国家战略对数字创意产业的重视，数字技术也将继续涌现，数据资源更加丰富多元，资本工具更加灵活多变，政策框架也会更加创新包容，数字创意产业将迎来全新的发展机遇。

（1）数字创意产业将涌现更多的数字技术

在面向数字创意产业的技术发展方面，主要涉及画面的高效传输和高清显示，数据的储存与高效调用，以及应用场景的多样化发展。首先，未来随着5G技术的成熟、6G技术的不断尝试、区块链技术与数字创意产业的融合发展都将带给数字创意产业更多的发展可能性，形成新的消费热潮。例如，利用5G及数据的低时延实现原有技术难以实现的异地化现场演出，通过这种形式，2020年的全球抗疫慈善音乐会取得了不错的成功。同时"十四五"规划提出要设立专项科研基金和国家级的实验室，以期重点突破高端芯片、高效传输和高清显示等环节的技术瓶颈。

其次，在数据的储存与高效调用方面，云储存技术也在积极发展，一是云储存中心的建设会得到进一步的完善，通过国家层面对云储存中心实行监管，确保对数据资源的掌控；二是"万物互联"，借助物联网实现对设备的准确运用；三是移动智能终端的发展会有所突破，借助智能音箱、VR眼镜和智能手机终端等移动设备，以及建筑物、音乐喷泉等实景介质，使数字创意产业有更多的呈现方式。

最后是通过技术的创新带动商业模式的发展，带给数字创意产业更多的应用场景。数字创意产业可以通过多种行业形势来展现，包括音乐、新闻、广播剧、有声书等内容呈现形式，直播、演唱会、音乐会等运作机制，通过将两者进行不同的排列组合，可以得到更多的应用场景。

（2）数字创意产业质量得到进一步提升

技术环境的进一步提升，尤其是在新兴市场中的应用，必定也会对产业发展质量提出更高的要求。目前得益于我国庞大的网民基数和消费市场，数字创意产业的市场空间较大，使数字创意产业发展前期受益巨大，但用户基数存在峰值，当达到该峰值时，流量红利就会开始逐渐减小，获客成本逐渐增多，这就意味着数字创意产业只有从规模效应转向高质量发展。高质量发展意味着数字创意产业的发展不能只停留在"概念"层面，而是需要深入底层、更加精准地识别用户的真正需求，甄别数字技术产业中的价值作用，充分调动和配置各种资源，以实现整个数字创意产业的发展质量。

（3）数字创意产业将走向深度融合发展

数字创意产业的融合主要从三个维度来体现，一是以生产要素流动为主的底层融合；二是数字创意产业与其他相关产业的融合；三是虚拟经济与实体经济的全面融合。

1）以生产要素流动为主的底层融合也是数字创意产业内部各要素之间的融合。数据和技术等作为数字创意产业的基本要素，随着产业的进一步发展，技术的更新使得数据变得更加可量化、资产化和可变现，而资产化等特性又会反哺技术的更新，以此推动各要素之间的相互流动，从而形成生产要素之间的循环。加强数据信息的共享，能够加深数字创意产业内部融合程度。

2）数字创意产业与其他相关产业的融合。通过将数字创意产业与其他产业相融合，不仅可以推动其他产业向高附加值发展，带动经济增长，而且在此过程中借助数字技术多种形式呈现数字内容，也能推动传统文化的发展，丰富人们的娱乐生活。例如动漫、电影等数字内容可以通过制造业和建筑业实现数字内容的实体化，通过销售周边商品，借助VR技术实现动漫场景还原等服务实现产业融合，在带动关联产业发展的同时也实现自身价值的增长。

3）虚拟经济与实体经济的全面融合。社会财富的来源依靠实体经济，党的十九届五中全会明确指出，"坚持把发展经济着力点放在实体经济上"，实体经济是中国经济的命脉所在。在数字创意产业中，实体经济与数字经济（也即虚拟经济）两者并非单向关系，而是双向互动，线上与线下流量和用户相互转化，互相拓展体验和增值空间，从而形成多屏多端、全链路的线上线下全面融合发展的产业格局。例如消费者可以通过对一部小说漫画的好感，从而产生兴趣去观看系列电影；也可以对电影的好评和喜爱，从而产生购买周边产品，购买VR体验的兴趣等。

9.2 推动区块链技术在数字创意产业信息共享应用

未来数字创意产业规模和形式呈现爆发式增长这一过程中，区块链技术必不可少会是其中的重要推动引擎。借助区块链技术，数字创意产业能够实现信息共享，带动整个产业链上下游企业进行资源整合，实现异业联盟，产业融合发展。这个过程中，区块链技术主要的作用主要从以下几个角度得以体现。

1.参与主体层面下的数字创意产业信息共享

从数字创意产业信息共享的参与主体层面来看，区块链技术的作用主要体现在以下三点：

其一，区块链是一个由所有参与者共同维护和管理的去中心化数据库，这就意味着所有的参与主体之间都是平等的，不存在上下级关系，从根本上改变了某个主体拥有对整个数字创意产业绝对控制权的情况，塑造了数字创意产业相关企业之间的和谐共处关系，有利于数字创意产业相关企业之间同层级的多元共建，而不是单单在中心化的网络中进行多层级的信息共享，大大提升了信息的利用率和信息共享的效率。

其二，区块链具有点对点的网络沟通模式，企业能够借助区块链实现数字创意产业中各企业主体之间的直线联络与信息传递与共享，而无需通过第三方[124]。因此，数字创意产业的相关企业能够根据企业自身的发展战略及需求在区块链网络中与合作企业进行沟通并获取其所需的信息数据，很大程度上降低了由于行业壁垒所造成的信息孤岛现象，有利于促进数字创意产业形成多方共建共享的良性格局。

其三，所谓的"多方共建"并不是各参与方在权责关系划分上的绝对平等，而是根据各参与方自身的信息共享程度和业务范围不同进行的合理有效的权责划分，其有效地提高了版权保护的便捷性和维权效率，增强了各主体的权责意识和原创意识，激发了创作型企业的创新积极性，促进了整个数字创意产业的良性发展。

2.技术应用层面下的数字创意产业信息共享

区块链在数字创意产业信息共享过程中的技术应用主要体现在保障信息共享的安全性和提升信息共享的效率两个方面。

保障信息共享的安全性是进行数字创意产业信息共享的基础条件。在计算机网络的运行背景下，数字创意产业相关信息在共享过程中将会经受着黑客攻击而造成的信息泄露、信息篡改等风险，而区块链技术本身所具有的加密算法即密码学原理（即非对称加密算法、对称加密算法、零知识证明等。）能够有效地降低数字创意产业信息共享过程中的信息安全风险。在区块链的加密体系中运用最多的是非对称加密技术，其原理可解释为：每个信息共享参与企业作为一个主体都拥有一对公私钥，其中公钥会被公布至整个区块链网络中，私钥则由企业自己保存。若A要想向B发送信息，其首先需要在区块链网络中找到公开的B的公钥，并利用该公钥对共享信息进行加密得到密文信息，然后利用哈希算法对密文信息进行哈希计算并利用数字签名技术赋予得到的哈希值具有唯一身份特征的数字签名，将其打包发送给B企业。B企业在接收到信息数据之后，首先需要利用公开的A企业的公钥验证该哈希值的数字签名是否来自A企业，若验证通过，则B企业再使用与自身公钥唯一对应的私钥对密文消息进行解密。此外，借助时间戳技术，区块链能够有效地降低企业进行信息共享所产生的安全风险，其原理是信息数据的每一次变动都会被区块链上共识节点记录下来并按时间顺序对区块进行排列，从而实现信息数据的可追溯性，有效避免了人为因素所带来的信息安全问题[125]。

提升信息共享的效率是促进数字创意产业信息共享的核心动力。智能合约作为一套可以变换为区块链技术语言的契约和协议，它能够记录并保存在区块链上，并且具有智能运行的特点，能够有效提高数字创意产业信息共享的效率[126]。不同于传统的实体合同，智能合约的特点是它能够自动触发并执行各项合约条款。从本质上来讲，智能合约其实是一段将数字创意产业信息共享规则进行编码化而生成的代码，这个规则由各参与方实现商议共同确定，在部署过程中，其能判断操作是否满足触发条件，从而自动执行相应的条款，并将本次所有的操作数据打包记录于区块链上，便于后期的操作记录追溯。智能合约的运作原理为：第一步，区块链各参与主体共同商议并制定一份商议确定的业务规则；第二步，操作人员将该业务规则编码化并部署于区块链上；第三步，智能合约在由各主体节点和区块链相关技术组成的区块链网络环境中自动智能运行[127]。例如将数字创意产业相关企业间约定形成的信息共享规则的智能合约发布至区块链中，相关企业在开展相关业务时，可以通过智能合约的自动执行信息共享规则实现信息数据的获取与利用，很大程度上改变了目前数字创意产业相关企业之间开展信息业务合作的模式，提升了数字创意产业信息资源的利用效率。

3. 产业联盟发展层面下的数字创意产业信息共享

通过区块链网络串联起数字创意产业链上下游的相关企业，并借助区块链技术实现数字创意产业信息的有偿共享，促进整个数字创意产业联盟的价值最大化。区块链技术在促进数字创意产业信息共享的产业联盟发展层面主要体现以下几点。

（1）实现数据资产的价值的可信流转

数字创意产业的最终落脚点还是"数字"。数据的积累沉淀、数据的挖掘分析、数字产品和服务的生产与传输、数据化资产、数字技术等贯穿数字创意产业始终[128]。区块链作为奠定我国数字经济发展基础的关键技术，其作用在于能够将传统固化于"点"的价值转变为"链网"价值，从而破除数字创意产业中的"信息孤岛"现象，实现整个数字创意产业链的价值传递和价值增值。互联网技术可以做到信息互通但无法实现价值传递，这是因为互联网技术难以去中心化，不能解决主体间的信任问题、数据篡改等危机，而区块链分布式储存、防数据篡改的特性能够保证对数据的所有权确权、数据交易记录的真实性，解决了物理世界物品唯一性和数字世界中复制边际成本为零的矛盾，实现了物理世界物品到数字世界的唯一映射，由此，数字资产的价值得以在数字创意产业链上顺利传递和转移。

（2）促进数字创意产业生态融合

传统文化产业的数字化转型，不仅是将文化产业的主体活动迁移到数字世界，其本质在于通过数字世界实现不同主体之间数据资产的连接和共享，从而打通物理世界的隔阂，构建互联互通的文化产业价值体系。如果没有区块链分布式共识技术，文化产业的数字化转型很可能只能局限在有限个体的有限内部，导致数字化的价值潜力无法充分释放。区块链作为连接数字创意产业链上下游各主体之间的技术纽带，将为产业链上下游等各类主体间进行生产协同、信息共享、资源整合等经济活动提供保障，从而促成传统文化产业在数字化转型过程中最大限度的合作与共创，逐步实现分布式的、无边界的资源配置模式和生产方式，优化产业资源的利用率，带动产业经济发展的降本增效，并极大促进数字创意产业联盟的高质量发展。

4.政策层面下的数字创意产业信息共享

有关区块链技术发展的国家及地方政策的制定和实施为推动数字创意产业信息共享创造了良好的政策环境。2021年3月，在十三届全国人大四次会议表决通过的《中共中央关于国民经济和社会发展第十四个五年规划和2035年远景目标纲要》决议中，"加快数字发展建设数字中国"被作为独立篇章，并明确指出重点培育壮大人工智能、大数据、区块链、云计算、网络安全等新兴数字产业，推动智能合约、加密算法及数字签名等区块链技术创新，着重以联盟链作为区块链的主要形式，推动区块链应用与供应链管理等领域的深度融合[129]。此外，工信部、中央网信办于2021年6月在其所发布的《关于加快推动区块链技术应用和产业发展的指导意见》中着重强调了区块链在产业转型升级过程中不可或缺的作用，并提出要大力支持和促进区块链技术在产业发展中相关应用的宽度和深度[130]。2021年12月，国务院在其印发的《"十四五"数字经济发展规划》中充分肯定了区块链在产业数字化转型过程中的重要作用，并将区块链与人工智能、大数据等正式纳入国家的战略性发展领域[131]。在数字经济时代，数字创意产业的发展是围绕着"文化IP"这类数据产物开展的，而数据的利用离不开数字技术和数字设备的科技支撑。从宏观角度来看，借助区块链技术分布式储存、去中心化、加密算法等技术，数字创意产业的信息共享过程将会变得更加的安全与畅通，由于中心平台垄断市场所造成的恶性竞争现象有可能被成功消除，整个数字创意产业将会进入良性循环的新气象中；从微观角度来看，区块链技术能够有效地化解数字创意产业各企业之间的"信息孤岛"难题，促进数字创意产业相关企业实现降本增效，助力数字创意产业相关行业达成异业联盟，实现多方共赢的美好局面。

此外，就目前的现状来看，区块链与其他产业的融合发展还处于起步阶段，由于区块链去中心化的特征完全颠覆了传统行业中心化的发展模式，并且目前针对区块链的法律法规还有待完善，众多面临转型的企业仍处于观望状态，参与性不高，但不可否认的是，由于区块链具备去中心化、不可篡改性、可追溯性等特点，其在数字创意产业中的应用前景是值得期待的。

附录1：数组1参数设置MATLAB程序

```
% 函数部分
function dy=
differential(t,y)
dy=zeros(2,1);
R=7;
S=4;
p=0.7;
a=0.4;
C(1)=4;
C(2)=3;
b=0.7;
q=0.5;
dy(1)=y(1)*(1-y(1))*(a*y(2)*p*R+b*y(2)*q*S-C(1));% 对应文中赋值后的 dx/dt
dy(2)=y(2)*(1-y(2))*[a*y(1)*(1-p)*R+b*y(1)*(1-q)*S-C(2)]; % 对应文中赋值后的 dy/dt
End
```

附录2：数组1参数整体变化MATLAB运行程序

```
%运行程序
for i=0:0.1:1
for j=0:0.1:1
[t, y]=ode45('differential1',[0 20],[i j]); % [i j]表示 [y(1) y(2)]的初始值
figure(1)
grid on%保留此图
plot(y(:,1),y(:,2),'m-');%画图
axis([-0.1 1 -0.1 1])%x 轴和 y 轴的范围
set(gca,'xTick',0:0.2:1.1) %设置 x 轴的标度
set(gca,'yTick',0:0.2:1.1) %设置 y 轴的标度
xlabel('\itx','FontName','Times New Roman','Fontsize',18); %设 置 x 轴字体格式
ylabel('\ity','FontName','Times New Roman','Fontsize',18);
set(gca,'Fontname','Times newman','Fontsize',18);
set(gcf,'Position',[300 100 600 500]);%图片位置
hold on
end
end
```

附录3：数组1中初始值为（0.9，0.9）MATLAB 运行程序

```
%运行程序
[t,y]=ode45('differential1',[0 4],[0.9 0.9]);
figure(1)
grid on%打开网格
plot(t,y(:,1),'m');
axis([0 4 0 1])
set(gca,'xTick',0:1:4) %x 轴坐标显示
set(gca,'yTick',0:0.1:1.0)
xlabel('\itt','FontName','Times New Roman','Fontsize',18);
set(gca,'Fontname','Times newman','Fontsize',18);
set(gcf,'Position',[300 100 600 500]);
hold on
[t,y]=ode45('differential1',[0 4],[0.9 0.9]);
figure(1)
grid on
plot(t,y(:,2),'b:');
axis([0 4 0 1])
set(gca,'xTick',0:1:4)
set(gca,'yTick',0:0.1:1.0)
xlabel('\itt','FontName','Times New Roman','Fontsize',18);
set(gca,'Fontname','Times newman','Fontsize',18);
legend('x','y');
set(gcf,'Position',[300 100 600 500]);
hold on
```

附录4：数组1中x=0.9，y=0.2至0.8的MATLAB运行程序

```
%运行程序
[t,y]=ode45('differential1',[0 4],[0.9 0.2]);
figure(1)
grid on%打开网格
plot(t,y(:,1),'r');
axis([0 4 0 1])
set(gca,'xTick',0:1:4) %x 轴坐标显示
set(gca,'yTick',0:0.1:1.0)
xlabel('\itt','FontName','Times New Roman','Fontsize',18);
ylabel('x','FontName','宋体','Fontsize',18);
set(gca,'Fontname','Times newman','Fontsize',18);
set(gcf,'Position',[300 100 600 500]);
hold on
[t,y]=ode45('differential1',[0 4],[0.9 0.4]);
figure(1)
grid on%打开网格
plot(t,y(:,1),'mo');
axis([0 4 0 1])
set(gca,'xTick',0:1:4) %x 轴坐标显示
set(gca,'yTick',0:0.1:1.0)
xlabel('\itt','FontName','Times New Roman','Fontsize',18);
ylabel('比例','FontName','宋体','Fontsize',18);
set(gca,'Fontname','Times newman','Fontsize',18);
set(gcf,'Position',[300 100 600 500]);
hold on
[t,y]=ode45('differential1',[0 4],[0.9 0.6]);
figure(1)
grid on%打开网格
plot(t,y(:,1),'gh');
axis([0 4 0 1])
set(gca,'xTick',0:1:4) %x 轴坐标显示
set(gca,'yTick',0:0.1:1.0)
xlabel('\itt','FontName','Times New Roman','Fontsize',18);
ylabel('x','FontName','宋体','Fontsize',18);
set(gca,'Fontname','Times newman','Fontsize',18);
```

```
set(gcf,'Position',[300 100 600 500]);
hold on
[t,y]=ode45('differential1',[0 4],[0.9 0.8]);
figure(1)
grid on% 打开网格
plot(t,y(:,1),'bx');
axis([0 4 0 1])
set(gca,'xTick',0:1:4) %x 轴坐标显示
set(gca,'yTick',0:0.1:1.0)
xlabel('\itt','FontName','Times New Roman','Fontsize',18);
ylabel('x','FontName','宋体','Fontsize',18);
set(gca,'Fontname','Times newman','Fontsize',18);
set(gcf,'Position',[300 100 600 500]);
legend('\ity\rm=0.2','\ity\rm=0.4','\ity\rm=0.6','\ity\rm=0.8')% 图例中 y 为斜体，=0.1 正体
hold on
```

附录5：数组1中y=0.9，x=0.2至0.8的MATLAB运行程序

```
%运行程序
[t,y]=ode45('differential1',[0 4],[0.2 0.9]);
figure(1)
grid on%打开网格
plot(t,y(:,2),'r');
axis([0 4 0 1])
set(gca,'xTick',0:1:4) %x 轴坐标显示
set(gca,'yTick',0:0.1:1.0)
xlabel('\itt','FontName','Times New Roman','Fontsize',18);
ylabel('y','FontName','宋体','Fontsize',18);
set(gca,'Fontname','Times newman','Fontsize',18);
set(gcf,'Position',[300 100 600 500]);
hold on
[t,y]=ode45('differential1',[0 4],[0.4 0.9]);
figure(1)
grid on%打开网格
plot(t,y(:,2),'mo');
axis([0 4 0 1])
set(gca,'xTick',0:1:4) %x 轴坐标显示
set(gca,'yTick',0:0.1:1.0)
xlabel('\itt','FontName','Times New Roman','Fontsize',18);
ylabel('y','FontName','宋体','Fontsize',18);
set(gca,'Fontname','Times newman','Fontsize',18);
set(gcf,'Position',[300 100 600 500]);
hold on
[t,y]=ode45('differential1',[0 4],[0.6 0.9]);
figure(1)
grid on%打开网格
plot(t,y(:,2),'gh');
axis([0 4 0 1])
set(gca,'xTick',0:1:4) %x 轴坐标显示
set(gca,'yTick',0:0.1:1.0)
xlabel('\itt','FontName','Times New Roman','Fontsize',18);
ylabel('y','FontName','宋体','Fontsize',18);
set(gca,'Fontname','Times newman','Fontsize',18);
```

```
set(gcf,'Position',[300 100 600 500]);
hold on
[t,y]=ode45('differential1',[0 4],[0.8 0.9]);
figure(1)
grid on%打开网格
plot(t,y(:,2),'bx');
axis([0 4 0 1])
set(gca,'xTick',0:1:4) %x 轴坐标显示
set(gca,'yTick',0:0.1:1.0)
xlabel('\itt','FontName','Times New Roman','Fontsize',18);
ylabel('y','FontName','宋体','Fontsize',18);
set(gca,'Fontname','Times newman','Fontsize',18);
set(gcf,'Position',[300 100 600 500]);
legend('\itx\rm=0.2','\itx\rm=0.4','\itx\rm=0.6','\itx\rm=0.8')%图例中 y 为斜体，=0.1 正体
hold on
```

附录6：参数设置MATLAB程序

%函数部分
function dy=differential(t,y)
dy=zeros(2,1);
R=7;
S=9;
p=0.7;
a=0.4;
C(1)=4;
C(2)=3;
b=0.7;
q=0.5;
dy(1)=y(1)*(1-y(1))*(a*y(2)*p*R+b*y(2)*q*S-C(1));%对应文中赋值后的 dx/dt
dy(2)=y(2)*(1-y(2))*[a*y(1)*(1-p)*R+b*y(1)*(1-q)*S-C(2)]; %对应文中赋值后的 dy/dt
end

附录7：数组2参数整体变化MATLAB运行程序

```
%运行程序
for i=0:0.1:1
for j=0:0.1:1
[t,y]=ode45('differential1',[0 20],[i j]); % [i j]表示[y(1) y(2)]的初始值
figure(1)
grid on%保留此图
plot(y(:,1),y(:,2),'b-');%画图
axis([-0.1 1 -0.1 1])%x 轴和 y 轴的范围
set(gca,'xTick',0:0.2:1.1) %设置 x 轴的标度
set(gca,'yTick',0:0.2:1.1) %设置 y 轴的标度
xlabel('\itx','FontName','Times New Roman','Fontsize',18); %设置 x 轴字体格式
ylabel('\ity','FontName','Times New Roman','Fontsize',18);
set(gca,'Fontname','Times newman','Fontsize',18);
set(gcf,'Position',[300 100 600 500]);%图片位置
hold on
end
end
```

附录8：数组2中初始值为（0.9，0.9）MATLAB运行程序

```
%运行程序
[t,y]=ode45('differential1',[0 4],[0.9 0.9]);
figure(1)
grid on%打开网格
plot(t,y(:,1),'m');
axis([0 4 0 1])
set(gca,'xTick',0:1:4) %x 轴坐标显示
set(gca,'yTick',0:0.1:1.0)
xlabel('\itt','FontName','Times New Roman','Fontsize',18);
set(gca,'Fontname','Times newman','Fontsize',18);
set(gcf,'Position',[300 100 600 500]);
hold on
[t,y]=ode45('differential1',[0 4],[0.9 0.9]);
figure(1)
grid on
plot(t,y(:,2),'b:');
axis([0 4 0 1])
set(gca,'xTick',0:1:4)
set(gca,'yTick',0:0.1:1.0)
xlabel('\itt','FontName','Times New Roman','Fontsize',18);
set(gca,'Fontname','Times newman','Fontsize',18);
legend('x','y');
set(gcf,'Position',[300 100 600 500]);
hold on
```

附录9：数组2中x=0.9，y=0.2至0.8的MATLAB运行程序

```
%运行程序
[t,y]=ode45('differential1',[0 4],[0.9 0.2]);
figure(1)
grid on%打开网格
plot(t,y(:,1),'r');
axis([0 4 0 1])
set(gca,'xTick',0:1:4) %x 轴坐标显示
set(gca,'yTick',0:0.1:1.0)
xlabel('\itt','FontName','Times New Roman','Fontsize',18);
ylabel('x','FontName','宋体','Fontsize',18);
set(gca,'Fontname','Times newman','Fontsize',18);
set(gcf,'Position',[300 100 600 500]);
hold on
[t,y]=ode45('differential1',[0 4],[0.9 0.4]);
figure(1)
grid on%打开网格
plot(t,y(:,1),'mo');
axis([0 4 0 1])
set(gca,'xTick',0:1:4) %x 轴坐标显示
set(gca,'yTick',0:0.1:1.0)
xlabel('\itt','FontName','Times New Roman','Fontsize',18);
ylabel('比例','FontName','宋体','Fontsize',18);
set(gca,'Fontname','Times newman','Fontsize',18);
set(gcf,'Position',[300 100 600 500]);
hold on
[t,y]=ode45('differential1',[0 4],[0.9 0.6]);
figure(1)
grid on%打开网格
plot(t,y(:,1),'gh');
axis([0 4 0 1])
set(gca,'xTick',0:1:4) %x 轴坐标显示
set(gca,'yTick',0:0.1:1.0)
xlabel('\itt','FontName','Times New Roman','Fontsize',18);
ylabel('x','FontName','宋体','Fontsize',18);
set(gca,'Fontname','Times newman','Fontsize',18);
```

基于区块链的数字创意产业信息共享

```
set(gcf,'Position',[300 100 600 500]);
hold on
[t,y]=ode45('differential1',[0 4],[0.9 0.8]);
figure(1)
grid on%打开网格
plot(t,y(:,1),'bx');
axis([0 4 0 1])
set(gca,'xTick',0:1:4) %x 轴坐标显示
set(gca,'yTick',0:0.1:1.0)
xlabel('\itt','FontName','Times New Roman','Fontsize',18);
ylabel('x','FontName','宋体','Fontsize',18);
set(gca,'Fontname','Times newman','Fontsize',18);
set(gcf,'Position',[300 100 600 500]);
legend('\ity\rm=0.2','\ity\rm=0.4','\ity\rm=0.6','\ity\rm=0.8')%图例中 y 为斜体，=0.1 正体
hold on
```

附录10：数组2中 y=0.9，x=0.2 至 0.8 的 MATLAB 运行程序

```
%运行程序
[t,y]=ode45('differential1',[0 4],[0.2 0.9]);
figure(1)
grid on%打开网格
plot(t,y(:,2),'r');
axis([0 4 0 1])
set(gca,'xTick',0:1:4) %x 轴坐标显示
set(gca,'yTick',0:0.1:1.0)
xlabel('\itt','FontName','Times New Roman','Fontsize',18);
ylabel('y','FontName','宋体','Fontsize',18);
set(gca,'Fontname','Times newman','Fontsize',18);
set(gcf,'Position',[300 100 600 500]);
hold on
[t,y]=ode45('differential1',[0 4],[0.4 0.9]);
figure(1)
grid on%打开网格
plot(t,y(:,2),'mo');
axis([0 4 0 1])
set(gca,'xTick',0:1:4) %x 轴坐标显示
set(gca,'yTick',0:0.1:1.0)
xlabel('\itt','FontName','Times New Roman','Fontsize',18);
ylabel('y','FontName','宋体','Fontsize',18);
set(gca,'Fontname','Times newman','Fontsize',18);
set(gcf,'Position',[300 100 600 500]);
hold on
[t,y]=ode45('differential1',[0 4],[0.6 0.9]);
figure(1)
grid on%打开网格
plot(t,y(:,2),'gh');
axis([0 4 0 1])
set(gca,'xTick',0:1:4) %x 轴坐标显示
set(gca,'yTick',0:0.1:1.0)
xlabel('\itt','FontName','Times New Roman','Fontsize',18);
ylabel('y','FontName','宋体','Fontsize',18);
set(gca,'Fontname','Times newman','Fontsize',18);
```

```
set(gcf,'Position',[300 100 600 500]);
hold on
[t,y]=ode45('differential1',[0 4],[0.8 0.9]);
figure(1)
grid on%打开网格
plot(t,y(:,2),'bx');
axis([0 4 0 1])
set(gca,'xTick',0:1:4) %x 轴坐标显示
set(gca,'yTick',0:0.1:1.0)
xlabel('\itt','FontName','Times New Roman','Fontsize',18);
ylabel('y','FontName','宋体','Fontsize',18);
set(gca,'Fontname','Times newman','Fontsize',18);
set(gcf,'Position',[300 100 600 500]);
legend('\itx\rm=0.2','\itx\rm=0.4','\itx\rm=0.6','\itx\rm=0.8')%图例中 y 为斜体, =0.1 正体
hold on
```

附录11：Add Policy 函数的运作流程

Pseudo code 1:Add Policy
Input:Policy
OutPut:Add Policy done/failed
1:if Input=null
2:   return error input
3:end if
4:Error=APIstub.GetState(ResourceID)//即查询资源是否存在
5:if Error=nil
6:   return Device does not exist
7:end if
8:PolicyBytes=json.Marshal(policy)//序列化访问控制策略信息
9:Error=APIstub.PutState(ResourceID,PolicyBytes)//以键值对的形式写入策略信息
10:if Error=nil
11:   return Add policys done
12:else
13:   return Add policys failed
14:end if

附录12：Add Resource 函数的运作流程

Pseudo code 2:Add Resource
Input::UserID,ResourceName,ResourceID,Kind
OutPut:Add resource done/failed
1:if Input=null
2:　return error input
3:end if
4:Error=APIstub.GetState(ResourceID)//即查询资源是否存在
5:if Error=nil
6:　return user already exist
7:end if
8: ResourceBytes=json.Marshal(policy)//序列化访问控制策略信息
9:Error=APIstub.PutState(ResourceID,ResourceBytes)//以键值对的形式写入资源信息
10:if Error=nil
11:　return Add resource done
12:else
13:　return Add resource failed
14:end if

附录13：Match Policy 函数的运作流程

Pseudo code 3: Match Policy
Input:ResourceID,Requester,Action,Relationship,Device,Usekey
OutPut: Allow/Deny
1:if Input=null
2:　return error input
3:end if
4:ResultsIterator=APIstub.GetHistoryForKey(ResourceID)//查找该资源的所有访问控制策略，并将其放入迭代器中
5:for ResultsIterator.next do//遍历迭代器
6:　queryResponse=ResultsIterator.Next()//取出迭代器中的内容
7:　json.unmarshel(queryResponse.value,&pol)//反序列化访问控制策略信息
8:　policys=pol//将访问控制策略信息存放至数组中
9:end if
10:MatchResult=deny
11:for i=[];i<len(policys);i++do//遍历数组，进行访问控制策略匹配
12:　if input ∈ policys[i]
13:　　MatchResult=allow
14:　　UseTime=Policys[i].UseTime
15:　end if
16:end for
17:return MatchResult,UseTime

附录14：Check Policy 函数的运作流程

Pseudo code 4: Check Policy
Input:MatchResult
OutPut:CheckResult
1:if MatchResult=deny
2:　return error
3:end if
4:CheckResult=false
5:TemporaryKey=GenerateMD5// 为访问控制策略生成临时密钥
6:resultsIterator=APIstub.GetHistoryForKey(Unique)//查找策略的策略密钥
7:for resultsIterator.next do//遍历迭代器
8:　queryResponse=resultsIterator.Next()//去除迭代器中的内容
9:　json.unmarshel(queryRespnse.value,&SecretKey)//反序列化策略密钥
10:end if
11:if SecretKey=TemporaryKey
12:　CheckResult=true
13:else
14:　return error
15:end if
16:return CheckResult

重要术语索引

B

版权产业

博物馆文化

博弈仿真

C

产业集群化

产业融合理论

超级账本

创新发展生态体系

D

动漫产业

F

发展机制

访问控制策略数

访问控制系统

G

国际互联网

共识层

共识机制

共享需求信息

共享产品信息

共享生产信息

功能测试

共享效率

H

合约层

哈希算法技术

J

经济发展

价值研究

激励层

激励结算模块

技术与平台提供方节点

节点群

机会主义行为

K

可追溯性

可证明安全性

可信流转

L

利益相关者

链式数据结构

联盟链

链式结构

联盟链信息模块

联盟成员

联盟协议

联盟目标

联盟主体的契合性

拉格朗日插值定理

M

米切尔评分法

密钥生成中心

N

内容创造方节点

Q

去中心化数据库

区块链技术

区块链分层结构

渠道方节点

S

数字创意产业

数字技术

市场竞争

数字经济

数字创意产品

数字创意产业链

数字创意产业集群

实现路径

数据层

私有链

数字签名

属性加密技术

数据结构

数字内容

授权节点

双线性群

实验环境

W

文化创意产业

网络文学

网络层

文化业态

文化科技创新

X

新型文化业态

信息共享

信息资源

信息平台

信息归属方

信息请求方

信任机制

信息共享方案

协同身份认证

信息共享的主动性

信息交换平台风险

系统链码

应用场景

性能测试

系统环境配置

信息管理模块

Y

移动终端

演化博弈

有限理性

演化稳定性

应用层

以太坊平台

用户管理模块

云储存技术

云储存器

业务工作流程

Z

知识产权保护

战略性新兴产业

组合策略稳定性

智能合约技术

参考文献

[1] 行业资讯.数字文化创意产业的新业态和新模式[EB/OL].https：//www.sohu.com/a/347683446_120059963.

[2] 陈端.中国数字创意产业发展报告（2019）[R].北京：社会科学文献出版社，2019.

[3] Department for Digital，Culture，Media & Sport. DCMS Economic Estimates 2019：Gross Value Added[DB/OL]. https：//www.gov.uk/government/statistics/dcms-economic-estimates-2019-gross-value-added.2020-12-10.

[4] Stephen E. Siwek. Copyright Industries in the U.S. Economy：The 2014 Report [DB/OL]. https：//www.iipa.org/files/uploads/2018/01/2014CpyrtRptFull.pdf. 2014-12.

[5] Stephen E. Siwek. Copyright Industries in the U.S. Economy：The 2016 Report [DB/OL]. https：//www.iipa.org/files/uploads/2018/01/2016CpyrtRptFull-1.pdf. 2016-12.

[6] Robert Stoner，Jéssica Dutra. Copyright Industries in the U.S. Economy：The 2020 Report [DB/OL]. https：//www.iipa.org/files/uploads/2020/12/2020-IIPA-Report-FINAL-web.pdf. 2020-12.

[7] 日本经济产业省.全球和日本内容市场概述[DB/OL]. https：//www.meti.go.jp/policy/mono_info_service/contents/downloadfiles/report/202002_contentsmarket.pdf.2020-2.

[8] 我国数字创意产业发展现状及创新方向[J].中国工程科学，2020，22（2）：55-62.

[9] 李文军，李巧明.“十四五”时期数字创意产业发展趋势与促进对策[J].经济纵横，2021，4（2）：71-81.

[10] Yusuf S, Nabeshima K. Japan's Changing Industrial Landscape[J]. Policy Research Working Paper, 2005.

[11] Nicholas Garnham. From Cultural to Creative Industries[J]. International Journal of Cultural Policy，2005，11（1）：15-29.

[12] Leadbeater. Britain's Creativity Challenge，Creative and Cultural Skills[R]. London Centre for Arts and Cultural Enterprise，Transcript of Panel Discussion Paper，2004，（27）.

[13] Jason Potts，Stuart Cunningham. Four Models of the Creative Industries[J]. International Journal of CulturalPolicy，2008（3）：233-247.

[14] Allen Scott. Creative cities：conceptual issues and policy questions[J]. Journal of Urban Affairs，2006（1）：1-17.

[15] Piergiovannietal，Carree M A，Santarelli E. Creative industries，new business formation，and regional eco-nomic growth[J].Small business economics，2012（3）：539-560.

[16] Currid E. New York as a Global Creative Hub：A Competitive Analysis of Four Theories on World Cities[J]. Economic Development Quarterly，2006（20）：330-350.

[17] 周志强，夏光富.论数字创意产业[J].新闻爱好者（理论版），2007（12）：14-17.

[18] 龚伟林，徐媛媛，刘应海.基于 SWOT 对重庆市数字创意产业的分析[J].重庆邮电大学学报（社会科学版），2010（6）：52-56.

[19] 陈洪，张静，孙慧轩.数字创意产业：实现从无到有的突破[J].中国战略新兴产业，2017（1）：45-47.

[20] 刘懿萱.在变革中发展的数字创意产业[J].群言，2017（7）：10-14.

[21] 于小涵，章军杰.技术创新与政府行为双重驱动下的数字创意产业实践[J].浙江工商大学学报，2018（2）：116-119.

[22] 韩洁平.数字内容产业成长机理及发展策略研究[D].长春：吉林大学，2010.

[23] 关昕，李雪珺，叶根宁.京津冀数字创意产业的改革方向研究[J].中国科技投资，2017（2）：171-172.

[24] 黄新焕，张宝英.全球数字产业的发展趋势和重点领域[J].经济研究参考，2018（51）：53-61.

[25] 臧志彭.数字创意产业全球价值链：世界格局审视与中国重构策略[J].中国科技论坛，2018（7）：64-73，87.

[26] 范玉刚.新时代数字文化产业的发展趋势、问题与未来瞩望[J].中原文化研究，2019，7（1）：69-76.

[27] Peng D. Management strategy of information resource sharing in aquatic products deep processing virtual industrial cluster based on trust mechanism[C]. 2012 International Conference on Information Management，Innovation Management and Industrial Engineering（ICIII），IEEE，2012，1：357-360.

[28] Li Qiong，Wang Lei. Research on the information sharing in the linkage between manufacturing and logistics industry based on blockchain[C]. Journal of Physics：Conference Series，2021，1774：1-6.

[29] Kim，Heeyoul. A Security Model for Logistics Information Sharing System[J]. Korean Institute of Information Technology，2014，12（4）：97-103.

[30] Liu Qiang，Wan J，Zhou K. Cloud Manufacturing Service System for Industrial-

Cluster-Oriented Application[J]. 国际网络技术学刊, 2014, 15（3）: 373-380.

[31] Lee Dongmin, Lee Sang Hyun, Masoud Neda, et al. Integrated digital twin and blockchain framework to support accountable information sharing in construction projects[J]. Automation in Construction, 2021, 127: 1-9.

[32] Nadia Zaheer, Peter Trkman. An information sharing theory perspective on willingness to share information in supply chains[J]. The International Journal of Logistics Management, 2017, 28（2）: 417-443.

[33] Pengzhen Cai, Qijie Jiang. GIS spatial information sharing of smart city based on cloud computing[J]. Cluster Computing, 2019, 22: 14435-14443.

[34] Tian Tian, Haibin. Chang Marine Information Sharing and Publishing System: A WebGIS Approach[J]. Coastal Research, 2019, 94: 169-172.

[35] Li Yanhui, Xu He, Zhao Yan, et al. Vertical value-added cost information sharing in a supply chain[J]. Discrete Dynamics in Nature and Society, 2021: 1-34.

[36] Zhang Fuan, Gong Zhenzhi, Tsai Sang-Bing. Supply Chain Inventory Collaborative Management and Information Sharing Mechanism Based on Cloud Computing and 5G Internet of Things[J]. Mathematical Problems in Engineering, 2021: 1-12.

[37] Roberto Dominguez, Salvatore Cannella, Borja Ponte, et al. Information sharing in decentralised supply chains with partial collaboration[J]. Flexible Services and Manufacturing Journal, 2021: 1-30.

[38] Ruiliang Yan, Zhi Pei. Incentive information sharing in various market structures[J]. Decision Support Systems, 2015, 76: 76-86.

[39] 胡利超, 李解. 建筑信息共享技术协同管理流程再造研究[J]. 内江师范学院学报, 2021, 36（10）: 61-67.

[40] 郭雯雯, 周来. 基于云计算的食用菌产业信息共享平台的搭建[J]. 中国食用菌, 2019, 38（7）: 101-103.

[41] 杨丽丽. 基于二维码的汽车业闭环供应链信息共享流程[J]. 物流技术, 2018, 37（4）: 107-111.

[42] 陈云, 王浣尘, 杨继红, 等. 产业集群中的信息共享与合作创新研究[J]. 系统工程理论与实践, 2004, 24（8）: 54-57.

[43] 石培哲, 张明玉. 基于产业集群的供应链信息共享激励策略研究[J]. 物流技术, 2010, 29（Z1）: 165-168.

[44] 杨光飞. 从"关系合约"到"制度化合作": 民间商会内部合作机制的演进路径——以温州商会为例[J]. 中国行政管理, 2007（8）: 37-40.

[45] 赵庚科, 郭立宏. 基于重复博弈的区域产业集群内多企业间合作激励机制研究[J].

管理评论，2009（8）：122-128.

[46] 易经章，胡振华，朱豫玉.基于企业竞争合作行为的产业集群创新机制模型构建[J].统计与决策，2010（3）：186-188.

[47] 蔡猷花，陈国宏，蔡彬清，等.链式产业集群企业创新合作意愿度的影响因素[J].技术经济，2014，33（5）：29-34.

[48] 贾秀妍，李宁，郭姝宇.高技术企业集群信息共享动态博弈分析[J].情报科学，2014，32（6）：64-68.

[49] 石硕.面向数控机床产业集群区域网络协同制造的信息共享安全机制[J].制造业自动化，2021，43（10）：131-133.

[50] 李永强.基于区块链的车联网安全信息共享机制设计[J].郑州大学学报（工学版），2022，43（1）：103-110.

[51] 王童.基于区块链的信息共享及安全多方计算模型[J].计算机科学，2019，46（9）：162-168.

[52] 周瑞珏.日本网络安全信息共享的制度框架与模式特征研究[J].科技与法律，2020（6）：85-94.

[53] 马雷.反思与借鉴：美国网络安全信息共享规制研究[J].河海大学学报（哲学社会科学版），2019，21（5）：76-81.

[54] 刘晓婷，佟泽华，师闻笛.大数据时代科研人员数据共享演化博弈研究：信任机制视角[J].情报理论与实践，2019，42（3）：92-100.

[55] 马现敏.供应链合作伙伴关系的信任机制与风险防范研究[J].商场现代化，2018（4）：19-21.

[56] 罗小艺.供应链网络节点企业间知识共享的演化博弈研究[D].沈阳：东北大学，2010.

[57] 杨兴凯.政府组织间信息共享信任机制与测度方法研究[D].大连：大连理工大学，2011.

[58] 迟懿遥.物联网环境下企业间信息共享的合作模型研究[D].合肥：合肥工业大学，2015.

[59] 茅宁莹，李佳佳.医药企业社会责任与绩效关系研究——基于Heckman选择模型[J].财会通讯，2017（19）：9-12.

[60] 张玉磊，贾振芬.基于利益相关者理论的重大决策社会稳定风险评估多元主体模式研究[J].北京交通大学学报（社会科学版），2017，16（3）：54-62.

[61] 赵瑞君，苏欣.我国家族企业代际传承过程中利益相关者的动态研究[J].经济视角（下），2013（7）：110-112.

[62] 朱发东.建筑工业化项目利益相关者动态关系研究[D].北京：北方工业大学，

2018.

[63] 王一洋."小产权房"市场的利益相关者研究[D].武汉：华中科技大学，2009.

[64] 沈绮云，万伟平.职业教育校企合作长效机制影响因素实证研究——基于结构维度与回归方程的分析[J].高教探索，2015（6）：101-107.

[65] LEE H L, SO K C, TANG C S. The Value of Information Sharing in a Two-Level Supply Chain [J]. Management Science, 2000, 46（5）：626-643.

[66] 蔡淑琴，梁静.供应链协同与信息共享的关联研究[J].管理学，2007（2）：157-62+79.

[67] 孙凯.跨组织信息共享的概念、特征与模式[J].系统科学学报，2012，20（2）：28-33+61.

[68] KHAN M, HUSSAIN M, SABER H M. Information sharing in a sustainable supply chain[J]. International Journal of Production Economics, 2016（181）：208-14.

[69] DUBEY R, ALTAY N, GUNASEKARAN A, et al. Supply chain agility, adaptability and alignment：empirical evidence from the Indian auto components industry[J]. International Journal of Operations & Production Management, 2018, 38（1）：129.

[70] Nicholas Negrouponte. Industry evolution and competence development：the imperatives of technological convergences[J]. International journal of technology management，1975（19）.

[71] 植草益.信息通讯业的产业融合[J].中国工业经济，2001（2）：24-27.

[72] 厉无畏.产业融合与产业创新[J].上海管理科学，2002（4）.

[73] 胡金星.产业融合的内在机制研究——基于自组织理论的视角[D].上海：复旦大学，2007.

[74] 郑明高.产业融合发展研究[D].北京：北京交通大学，2010.

[75] 周勇.面向产业融合的企业创新投资决策研究[D].上海：复旦大学，2012.

[76] Melanie S. Blockchain：Blueprint for a new economy[M]. O'Reilly Media, Inc.,2015：13-25.

[77] 尹冠乔.区块链技术发展现状及其潜在问题文献综述[J].时代金融，2017（6）：299-301.

[78] 穆启国.区块链技术调研报告之一：具有颠覆所有行业的可能性——区块链技术解析和应用场景畅想[J].川财研究，2016（6）：23-40.

[79] Tian Feng. A supply chain traceability system for food safety based on HACCP, blockchain & Internet of things[C]. International Conference on Service Systems and Service Management. IEEE, 2017, 89（28）：1-6.

[80] 董宁，朱轩彤.区块链技术演进及产业应用展望[J].信息安全研究，2017，25（7）：

88-95.

[81] 刘钊.区块链基础技术的特点及潜在应用[J].数字通信世界，2019（5）：193-194.

[82] 袁琛.区块链基础架构与共识机制[J].科技传播，2019，11（5）：153-154.

[83] 林延昌．基于区块链的食品安全追溯技术研究与实现——以牛肉追溯为例[D].南宁：广西大学，2017.

[84] 李涛．国家特种设备安全监管服务平台电梯追溯子系统的设计与实现[D].北京：北京邮电大学，2017.

[85] 段思琦.区块链信息安全关键技术研究[D].北京：北方工业大学，2021.

[86] 于雷，赵晓芳，金岩，等.CHB-Consensus：一种基于一致性哈希算法的区块链共识机制研究[J].高技术通讯，28（Z1）：13-25.

[87] 汪菲.基于区块链的去中心化可信数据共享技术研究[D].南京：南京邮电大学，2020.

[88] Castro M，Liskov B. Practical Byzantine Fault Tolerance[C]//1999 Operating Systems Design and Implementation（OSDI）. New Orleans：USENIX Association Press，1999：173-186.

[89] Szabo N. Formalizing and securing relationships on public networks[J].First Monday，1997，2（9）.

[90] Buterin V.A next-generation smart contract and decentralized application platform[J]. white paper，2014（3）：37.

[91] Sun W，Cai Z，Liu F，et al. A survey of data mining technology on electronic medical records[C]//2017 IEEE 19th International Conference on e-Health Networking，Applications and Services（Healthcom）. IEEE，2017：1-6.

[92] Goyal V，Pandey O，Sahai A，et al. Attribute-based encryption for fine-grained access control of encrypted data[C]//Proceedings of the 13th ACM conference on Computer and communications security. Acm，2006：89-98.

[93] Bethencourt J，Sahai A，Waters B. Ciphertext-policy attribute-based encryption[C]//2007 IEEE symposium on security and privacy（SP'07）. IEEE，2007：321-334.

[94] Buterin V.Ethereum white paper[J].GitHub repository，2013：22-23.

[95] Androulaki E，Barger A，Bortnikov V，et al. Hyperledger fabric：a distributed operating system for permissioned blockchains[C]//Proceedings of the Thirteenth EuroSys Conference.2018：1-15.

[96] 付淞兵．基于联盟链的数据访问控制和共享方案研究[D].北京：北京邮电大学，2021.

[97] Fay T, Paniscotti D. Systems and methods of blockchain transaction recordation: U. S. Patent Application 15/086, 801[P]. 2016-10-06.

[98] 王佳贺.基于区块链的分布式身份认证技术研究[D].南京: 南京理工大学, 2020.

[99] Yuan Y, Ni X, Zeng S, Wang F. The development status and prospect of blockchain consensus algorithm[J]. ACTAAUTOMATICA SINICA, 2018: 1-12.

[100] Zhang Y, Li X. Research and implementation of an improved blockchain consensus mechanism[J]. Electronic design engineering, 2018, 26(1): 38-47.

[101] Back A., Corallo M., Dashjr L., et al. Enabling blockchain innovations with pegged sidechains[EB/OL]. [2014-03-30]. https://www.blockstream.com/sidechains.pdf.

[102] King S., Nadal S. Ppcoin: Peer-to-Peer crypto-currency with Proof-of-Stake[EB/OL]. [2012-08-26].http://www.ppcoin.org/static/ppcoin-paper.pdf.

[103] Larimer D. Delegated Proof-of-Stake (DPOS)[EB/OL]. [2014-03-30]https://bitshares.org/technology/delegated-proof-of-stake-consensus/.

[104] Unencrypted drive with 7 years of patient data stolen from Denton Heart Group[EB/OL]. [2017-03-30]. https://www.healthcareitnews.com/news/unencrypted-drive-7-years-patient-data-stolen-denton-heart-group.

[105] Castro M., Liskov B. Practical Byzantine Fault Tolerance[C]//1999 Operating Systems Design and Implementation (OSDI). New Orleans: USENIX Association Press, 1999: 173-186.

[106] 张敏, 郑伟伟, 石光莲.虚拟学术社区知识共享主体博弈分析——基于信任的视角[J].情报科学, 2016, 34(2): 55-58.

[107] 张华.协同创新、知识溢出的演化博弈机制研究[J].中国管理科学, 2016, 24(2): 92-99.

[108] PAULRAJ A, LADO A A, CHEN I J.Inter-Organizational Communication as a Relational Competency: Antecedents and Performance Outcomes in Collaborative Buyer-supplier Relationships [J]. Journal of Operations Management, 2008, 26(1): 45-64.

[109] 吴岩.供应链管理中的信息共享及对策研究[J].信息化建设, 2009, 86(14): 128-130.

[110] Page L, Brin S, Motwani R, et al.The PageRank citetion ranking: Bringing order to the web[R].Stanford InfoLab, 1999.

[111] Boneh D, Goh E J, Nissim K. Evaluating 2-DNF formulas on ciphertexts[C]//Theory of Cryptography Conference. Springer, Berlin, Heidelberg, 2005: 325-341.

[112] Shamir A. How to share a secret[J]. Communications of the ACM, 1979, 22(11): 612-613.

[113] Stinson D R，Paterson M. Cryptography：theory and practice[M]. CRC press，2018.

[114] Smart N P. Cryptography：an introduction[M]. New York：McGraw-Hill，2003.

[115] Cloud Storage[EB/OL]. http：//en.wikipedia.org/wiki/Cloud_storage. txt/2012/11/01，2012.

[116] Boneh D，Boyen X，Goh E J. Hierarchical identity based encryption with constant size ciphertext[C]I/Annual International Conference on the Theory and Applications of Cryptographic Techniques.Springer，Berlin，Heidelberg，2005：440-456.

[117] Bellare M，Rogaway P. Random oracles are practical：A paradigm for designing efficient protocols[C]/Proceedings of the lst ACM conference on Computer and communications security. 1993：62-73.

[118] 杨波，张卫国，石磊.企业战略联盟中的机会主义行为及其控制分析[J]. 现代管理科学，2008（7）：5-7.

[119] Zhang Y，Kasahara S，Shen Y，etc. Smart contract-based access control for the internet of things[J]. IEEE Internet of Things Journal，2018，6（2）：1594-1605.

[120] Riabi I，Dhif Y，Ayed H K B，etc. A Blockchain based access control for loT[C]//2019 15th International Wireless Communications and Mobile Computing Conference（IWCMC）. Tangier，Morocco：Institute of Electrical and Electronics Engineers Inc，2019：2086-2091.

[121] Yutaka M，Zhang Y，Sasabe M，etc. U sing Ethereum Blockchain for Distributed Attribute-Based Access Control in the Internet of Things[C]//2019 IEEE Global Communications Conference（GLOBECOM）. Waikoloa，HI，USA：IEEE，2019：1-6.

[122] 张江徽.基于区块链的物联网访问控制系统的设计与实现[D].呼和浩特：内蒙古大学，2021.

[123] "十四五"文化产业发展规划[EB/OL]. [2021-5-6].http：//zwgk.mct.gov.cn/zfxxgkml/zcfg/zcjd/202106/t20210607_925031.html.

[124] 赵金旭，孟天广.技术赋能：区块链如何重塑治理结构与模式[J].当代世界与社会主义，2019（3）：187-194

[125] 任延辉.一种基于区块链的医疗信息隐私保护和共享方案[D].西安：西安电子科技大学，2018.

[126] 中国区块链技术和产业发展论坛.中国区块链技术和应用发展白皮书2016[EB/OL].（2016-10-20）.[2019-11-10]. http：//www.fullrich.com/Uploads/article/file/2016/1020/ 580866e374069.pdf.

[127] 徐欣欣.文件档案管理中的区块链技术应用研究综述[J].浙江档案，2018（5）：12-15.

[128] 郑正真."十四五"时期我国文创产业发展趋势及路径研究[J].西部经济管理论坛，2021，32（1）：1-7.

[129] 中共中央关于制定国民经济和社会发展第十四个五年规划和二〇三五年远景目标的纲要[EB/OL].[2021-03-13].http：//www.gov.cn/xinwen/2021-03/13/content_5592681.htm.

[130] 工业和信息化部关于加快推动区块链技术应用和产业发展的指导意见[EB/OL].[2021-06-07].https：//www.miit.gov.cn/jgsj/xxjsfzs/wjfb/art/2021/art_aac4af17ec1f4d9fadd5051015e3f42d.html.

[131] "十四五"数字经济发展规划[EB/OL].[2022-01-12].http：//www.gov.cn/xinwen/2022-01/12/content_5667840.htm.